毛糸をぐるぐる巻いて作るふかふかマスコット

動物ぽんぽん

trikotri

誠文堂新光社

index

ブロローグ　　　　　　　　4
はじめに　　　　　　　　12

動物のぽんぽんブローチ　14

		how to make			how to make
シマリス	16	88	アナホリフクロウ	34	99
アメリカアカリス	17	89	アフリカオオコノハズク	34	104
うさぎ [グレー]	18	87	メンフクロウ	35	105
うさぎ [ベージュ]	19	79	パンダ	38	106
はりねずみ	20	90	コアラ [親]	39	108
レッサーパンダ	22	91	コアラ [子]	39	109
ハムスター [グレー]	23	94	きつね	40	107
ハムスター [白]	23	94	おおかみ	41	110
ハムスター [ベージュ]	23	95	ライオン [オス]	42	112
トイプードル	26	96	ライオン [メス]	43	111
ポメラニアン	27	92	ナマケモノ	44	114
エキゾチックショートヘア	28	93	ひつじ	46	115
はちわれねこ	29	98	くま	48	73
桜文鳥	30	100	しろくま	50	116
白文鳥	31	100	アザラシ	52	117
セキセイインコ [白×青]	32	102	カワウソ	53	118
セキセイインコ [黄×水色]	32	102			

ミニマスコット　56

		how to make
すずめ	56	122
セキセイインコ［青］	58	120
セキセイインコ［黄緑］	58	120
桜文鳥	58	121
白文鳥	58	121
はりねずみ［親］	60	124
はりねずみ［子］	60	124
ひつじ	62	119

ぽんぽんのアイデア1　54
ライオン［オス］＋リボン
エキゾチックショートヘア＋パール

ぽんぽんのアイデア2　64
ちょうちょ
ポンポン菊

ぽんぽん作りの基本　66

用具	66
ぽんぽんの大きさ	67
糸のこと	68
その他の材料	70
目と鼻	71
作り方ページの見かた	72
基本の作り方❶くま	73
基本の作り方❷うさぎ［ベージュ］	79

型紙　126
奥付　128

ふかふか、もこもこ。
形になって生まれる前から
ずっと続いていた、楽しい予感。

おでかけの日の洋服を考えたり、パーティーの飾りつけをしたり。
「まだかな、まだかな。」と、待っている時間がこんなにも楽しいなら、
ずっと待っていたいくらい。

そのほっぺたに、

いっぱいにつまっているのは、なあに。

毛糸をぐるぐる巻いて、きゅっとしばって、
はさみでちょきちょき。
まあるくて、ふかふかで、手のひらにのせると
ほんのりとあたたかい、毛糸のぽんぽん。

ただそこにあるだけでかわいくていとおしい
毛糸のぽんぽんから、
個性豊かな動物たちが生まれました。

まあるいぽんぽんに手をくわえて、耳や鼻、
目やくちばしをつけると、ある時突然
動物たちが何かもの言いたげに、生き生きとした
表情を見せ始めます。

お手本のようでなくて大丈夫。
動物たちの表情はみんなそれぞれに違って、
個性的で、自分の手から生まれた子が
きっといちばんかわいいのです。

毛糸が層になって、断面が現れ、まるいぽんぽんの
形が変わっていく…。

その完成までの過程も、ゆっくりと楽しみながら
作っていただけたら嬉しいです。

trikotri

13

動物の
ぽんぽんブローチ

毛糸を指定の位置にぐるぐると巻いてベースを
作ったら、いろいろな方向からたしかめながら、
慎重に、ときに大胆にはさみでカットして形を
作っていきます。
存在感たっぷりの動物ブローチは、飾って眺め
ているだけでもいいけれど、身につけてみるとま
た違う豊かな表情を見せてくれます。

15

シマリス

糸を巻いてはさみを入れたときに、シマリスのシマが現れます。はさみの刃先で毛糸の流れをととのえながらカットして。

how to make ... P.88

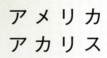

アメリカ
アカリス

目のまわりの白いところと、ぷっくりとふくらんだ頬袋がチャームポイント。

how to make ... P.89

うさぎ［グレー］

縦のラインが入ったはちわれ模様の
うさぎ。草食動物は、まわりを広く
見わたせるように目が外側を向いて
います。

how to make ... P.87

うさぎ [ベージュ]

羊毛で作る耳のつけ方でも表情が変わります。左ページのうさぎと毛糸の色を替えて作っても。

how to make ... P.79

はりねずみ

つんと上を向いた鼻先がかわいいはりねずみ。フェルティングニードルで鼻まわりを刺して固さを出します。

how to make ...　P.90

レッサーパンダ

模様をととのえながらカットします。
目の位置が顔の下の方にくると、あ
どけない表情になります。

how to make ... P.91

ハムスター
[グレー・白・ベージュ]

小さなハムスターのポンポンは、ヘアゴムに仕立ててもかわいいです。

how to make ... P.94

今度の日曜日は、
どの子をつれて行こうかな。

トイプードル

もこもこでくりくりの毛糸で作った
ポンポンは、そのままでもトイプードルそっくり。

how to make ... P.96

ポメラニアン

目と目の間の色の濃い部分、口のまわりのグレーの部分。ちょっとしたところですが、大事なポイントです。

how to make ... P.92

エキゾチック
ショートヘア

アルパカ混の糸で作ったポンポンは、格別の手触り。見た目にもやわらかいふかふかねこが、できあがりました。

how to make ... P.93

はちわれねこ

くっきりはちわれ模様のねこは、どこかすまし顔。はさみの先で模様をととのえながらカットします。

how to make ... P.98

桜文鳥

頭、くちばし、胴体の3つのポンポンをつなげています。ぽってりとした頬もポイント。

how to make ... P.100

白文鳥

ブローチ用に裏を平らにカットしたら、ポケットから顔をのぞかせて、一緒におでかけできます。

how to make ... P.100

セキセイインコ
[白×青・黄×水色]

チークパッチと呼ばれる頬の丸い斑点がチャームポイント。鼻の色や体の色をアレンジしても。

how to make ... P.102

くんくんくん、
今日の晩ごはんは
なにかな。

アナホリフクロウ

3色の糸を一緒に巻いて、からだの模様を表現しています。

how to make ... P.99

アフリカオオコノハズク

くっきりとした模様と、くちばしのまわりのひげがポイントです。

how to make ... P.104

メンフクロウ

平面的な形が特徴的。最初はざっくりと思いきってカットしてから、ととのえていきます。

how to make ... P.105

なんでもない、とくべつな毎日。

パンダ

くっきりとした白×黒の模様が出るように毛糸をととのえながらカットします。右ページのコアラのように大きさや巻き数を変えて親子のパンダにしても。

how to make ... P.106

コアラ［親・子］

ポンポンメーカーの大きさと糸の巻き数を変えて作ったコアラの親子。親子や兄弟でつけても、一緒に並べても。

how to make ... P.108

きつね

目のまわりにアイラインを入れると
きつねらしい凛々しい顔立ちに。

how to make ... P.107

おおかみ

ポンポンで作ったら、優しい顔のおおかみになりました。カットの仕方やアイラインの入れ方で表情がガラリと変わります。

how to make ... P.110

ライオン［オス］

ふさふさのたてがみが自慢のお父さんライオン。百獣の王は、ブローチとしての存在感もナンバーワン。

how to make ... P.112

ライオン [メス]

ポンポンで作ったお母さんライオンは優しい表情。ぜひお父さんライオンとペアで作っていただきたいです。

how to make ... P.111

ナマケモノ

目のまわりの模様と、にんまりと笑った口元がポイント。模様をととのえながらカットします。

<u>how to make ...</u>　P.114

毛糸だって、ときにはクールでスマートにきめて。
もちろん少しのユーモアも忘れずに。

ひつじ

ひつじの毛から糸が生まれて、その糸から生まれたひつじ。顔の毛の短い部分と、そのまわりのもこもこした部分に差が出るようにカットします。

how to make ... P.115

くま

ベースのポンポンと耳は、一色の毛糸だけでできています。シンプルな作りだからこそ、表情に作り手の個性が表れます。

how to make ... P.73

世界にたったひとりの、きみと一緒に。

しろくま

ポンポンでしろくまをつくったら、暑い季節にぴったりのデザートのようになりました。口のまわりの黒いところがまたかわいいのです。しろくま、召しあがれ。

how to make ... P.116

シンプルな
ワンピースの胸元に、
かわいい相棒を一ぴき。

アザラシ

つぶらな瞳に視線が釘づけ。困った
ような眉毛が、表情の決め手です。

how to make ... P.117

カワウソ

シンプルなようでいて、特徴のある顔のかたち。いろんな角度から見ながらカットしましょう。

how to make ... P.118

ぽんぽんのアイデア *1*

リボンやパールでアレンジした
よそいきブローチ

それだけでも存在感たっぷりの動物のブローチに、リボンのテールや、パールのネックレスを組み合わせたらこんなによそいきな表情になりました。その日の気分で、つけたり外したり、取り替えたり、変化を楽しめます。お気に入りの動物ブローチで、自由にアレンジしてみてください。

ライオン[オス]＋リボン
ライオンロゼット

幅の違う二種類のリボンをVの字になるよう半分に折り、折り目を糸で縫って固定します。造花ピンを縫いつけたら、リボンの端を斜めにカットします。切り口に、水でうすめたボンドを少量ぬるとほつれにくくなります。ライオンのブローチの少し下に、テール用のブローチをつけたら、ライオンロゼットのできあがり。一種類のリボンでシンプルに仕上げても。

エキゾチックショートヘア＋パール
ねこ婦人の
ブローチ

テグスに小粒のパールを通して、両端を
ブローチ用の金具に留めつけたら、ネック
レスに。テグスの先端はボールチップ
金具に通してツブシ玉で固定してから、
丸カンを使ってカブトピンにつなげます。

ぽんぽんで作る *mini* マスコット

すずめ

ふわふわの羽毛をたっぷり着込んだ、ふくらすずめ。たくさん作って並べたくなってしまいます。ていねいにカットして、ぽってりとした丸いフォルムに仕上げます。

how to make ... P.122

セキセイインコ
文鳥

ちょっとした首の角度や目やくちばしのつけ位置で表情が変わるので、色々な角度から確かめながらしあげましょう。丸カンとチェーンをつければ、バッグにつけて一緒におでかけできます。

写真 左から

セキセイインコ［青］	how to make ... P.120
セキセイインコ［黄緑］	how to make ... P.120
桜文鳥	how to make ... P.121
白文鳥	how to make ... P.121

はりねずみ[親・子]

大きさを変えて作ったはりねずみの親子。お腹の部分を平らにカットして安定させます。

how to make ... P.124

61

ひつじ

黒い顔とあしが特徴のサフォーク種のひつじ。シンプルな作りなので、親子で一緒に手作りが楽しめます。大きさ違いや色違いで作っても。

how to make ... P.119

ぼんぼんのアイデア *2*

余り毛糸で手軽につくれる
ちょうちょとポンポン菊

ポンポン作りや編み物で、少しだけ余った毛
糸が手元にあったら小さいポンポンを作っ
てみましょう。そのままオーナメントにした
り、ヘアゴムやブローチにしてもいいのです
が、ちょっとした工夫でこんなにかわいらし
いモチーフに変身します。

ちょうちょ

35mmのポンポンメーカーで、ポンポンを2個作ります（巻き数の目安は、並太毛糸で各アームに60～70回）。それぞれのポンポンをしばったたこ糸を結んで連結させて、カットして形をととのえます。

連結の仕方 》 P.86手芸用のワイヤー（#26程度）を9cmほど用意して半分に折り、Yの字になるよう折り目側を約2cmねじります。ワイヤー全体に毛糸を巻きつけ、巻きはじめと巻き終わりは、ボンドをつけてなじませます。触角の先にボンドをつけてウッドビーズをはめて完成。お好みでブローチやヘアゴムに。

ポンポン菊

45mmのポンポンメーカーで、ポンポンを作ります。最初に花芯用の毛糸をアームの中央に巻きます（巻き数の目安は、並太毛糸で10回）。次に花弁用の毛糸をアーム全体に巻きます（並太毛糸で80～90回）。もう一方のアームには、花弁用の糸のみで、同回数ほど巻きます。ポンポンができたら、カットして形をととのえます。花芯の部分を少しくぼませるようにカットしたら、お花の完成。このままブローチやヘアゴムにしても。茎をつけるときは、手芸用ワイヤー（#24程度）を30cmほど用意して、お花のポンポンの結び目に通して半分に折り曲げます。全体をねじり、好みの長さにカットしたら茎用の毛糸を巻き付けて巻き終わりはワイヤーにひと結びし、ボンドをなじませて固定します。2～3本まとめてコサージュにしても。

ぽんぽん作りの基本

用具

この本で使用している、基本的な用具です。

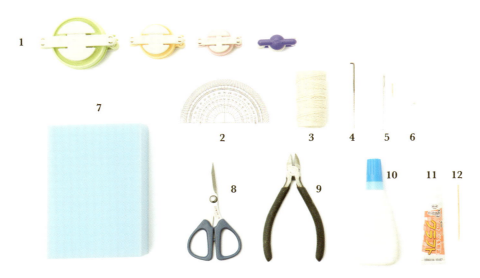

1 スーパーポンポンメーカー
ポンポンメーカーを使うと、簡単にきれいなポンポンを作ることができます。作りたいポンポンの大きさに合わせて、それぞれのサイズを使い分けます。
左から、黄緑:65mm、黄:45mm、ピンク:35mm、紫:25mm（スーパーポンポンメーカー・ミニ）すべてクロバー

2 分度器
複数の色の糸を使ってポンポンを作る時に、どの色をどの位置に巻くかを計るために使用します。

3 たこ糸
ポンポンの中心をしばるために使用します。5号～7号くらいの太さのものがおすすめ。約40cm ほどの長さにカットして使います。

4 フェルティングニードル
羊毛を刺して、動物の耳や鼻などを作ります。手に刺さないように注意して作業しましょう。

5 毛糸用とじ針
ポンポンを連結させる際に使用します。連結用のたこ糸や刺繍糸が針穴に通る太さのものを選びます。

6 まち針
この本では、くまやしろくまなどポンポンの状態で顔の向きが定めにくいモチーフを作る際に、目印として使用しています。

7 フェルティングマット
フェルティングニードルを使って羊毛を刺し固める際に、下敷きとして使用します。

8 はさみ
ポンポン作りにおいて、とても重要な用具。手芸用やパッチワーク用の、刃先が鋭く切れ味の良いものを選びましょう。

9 ニッパー
ワイヤーなどの固いものをカットする用具。この本では、目や鼻のパーツのあしの長さをカットする時に使います。

10 手芸用ボンド
ポンポンの結び目のたこ糸を固定したり、各パーツを接着する時に使用します。木工用のボンドでも代用可。

11 接着剤
ポンポンに、ブローチ台を接着する際に使用。金属と毛糸を接着できる多用途タイプのものを選びます。

12 つまようじ
各パーツに、ボンドや接着剤を塗るときに使います。

ぽんぽんの大きさ

左ページ1のポンポンメーカーを使用して作ることができる
ポンポンの大きさの目安です。
糸をたくさん巻くと、みっしりと目のつまったポンポン、
少なめに巻くと、ふわふわと柔らかいポンポンができます。

25mm

文鳥のブローチのくちばしや、ミニマスコットの
小鳥の頭などに使用しています。毛糸の色に近
い刺繍糸を使ってしばります。

65mm

ほとんどの動物ブローチのベースになっている
大きさです。両手のひらにすっぽりとおさまる思
わずなでたくなる大きさです。

35mm

文鳥のブローチや、ミニマスコットのは
りねずみの頭に使用しています。

45mm

片手のひらに乗るサイズ。ミニマスコッ
トの小鳥の胴体はこの大きさを使ってい
ます。

糸のこと

この本では、動物の微妙な色味や模様を表現するために、さまざまな色や太さの糸を使用しています。もし同じ糸が手に入らない場合は、近い色や太さの糸で代用することも可能です。使用するポンポンメーカーの大きさが同じ場合は、糸が細くなるほど巻く回数は多く、反対に、糸が太くなるほど巻く回数は少なくなります。「手元にあるこの糸、色は似ているけれど太さが違う...」という場合は、巻く回数を適宜加減して挑戦してみてください。

※糸はすべて実物大です。太さや色を参考にしてください。

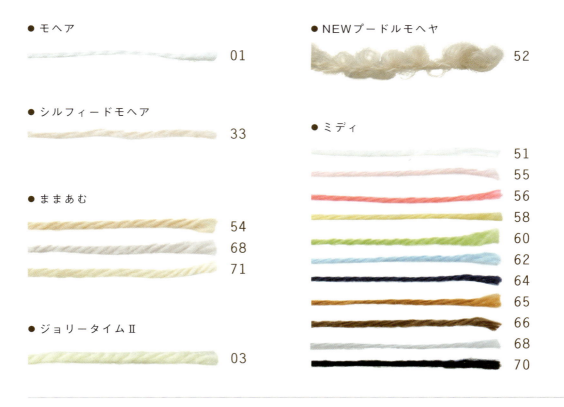

- モヘア　01
- シルフィードモヘア　33
- ままあむ　54／68／71
- ジョリータイムⅡ　03
- NEWプードルモヘヤ　52
- ミディ　51／55／56／58／60／62／64／65／66／68／70

※この本に掲載している作品の糸はすべて「ウイスター」（藤久株式会社）を使用しています。糸についてのお問い合わせはこちらまで。
藤久株式会社
愛知県名古屋市名東区高社1-210
電話　0120-478-020　http://www.crafttown.jp/

その他の材料

この本の作品を作る際に必要な副材料です。羊毛やフェルトなどは
全く同じものが手に入らなくても、近い色味のもので代用が可能です。

1 羊毛
フェルティングニードルで刺し固めて、動物の耳や鼻、鳥のくちばしなどを作ります。少量をとってアイラインや鼻〜口のラインにも使用します。藤久(株)の「フルフィール」使用。

2 フェルト
小鳥のくちばしや尾、ミニマスコットのはりねずみやひつじの耳、造花ピンを縫いつける土台などに使用します。

3 刺繍糸
25mmの小さいポンポンをしばるときに、たこ糸の代わりに使います。ポンポンの色に近い色を選びましょう。

4 布用スタンプインク
きつねやおおかみの耳の先端を色付けする際に使用します。本書では、黒のインクを使用。

5 丸カン、二重カン
ポンポンをしばる際に、たこ糸を通して結びつけると、チェーンやヘアゴムを通すことができます。直径5〜6mmのものを使用。

6 造花ピン
小さな動物をブローチにする際、フェルトに縫いつけて使用します。

7 ブローチ台
クリップ付きのタイプ。洋服やバッグ、帽子や髪に止めるなど、いろいろな用途で活躍します。台座の大きさが30mmのものを使用。

8 ボールチェーン
ポンポンをキーホルダーに加工する際に、使います。チェーンと留め具をセットで使用。

9 カラーモール
ミニマスコットのひつじのあしに使用します。一本の長さが約27cmのもの。

目 と 鼻

顔の表情をつくるパーツは、よりその動物らしさが表れるよう、使い分けています。
パーツの大きさや色、形によって表情が変わるので、好みの表情になるようアレンジしても。

さし目（黒）
3mm

さし目（黒）
4mm

さし目（黒）
6mm

さし目（黒）
8mm

プラスチックアイ（茶）
4.5mm（藤久）

プラスチックアイ（茶）
6mm（藤久）

プラスチックアイ（茶）
9mm（藤久）

キャットアイ
7.5mm（藤久）

クリスタルアイ
（ゴールド）
7.5mm ／ H220-107-8
（ハマナカ）

クリスタルアイ
（ゴールド）
9mm ／ H220-109-8
（ハマナカ）

クリスタルアイ
（ブラウン）
7.5mm ／ H220-107-2
（ハマナカ）

プラスチックアイ
マットカラー
（イエロー）
9mm ／ H430-309-9
（ハマナカ）

プラスチックアイ
マットカラー
（グリーン）
9mm ／ H430-310-9
（ハマナカ）

ドッグノーズ（黒）
8mm ／ H220-908-1
（ハマナカ）

ドッグノーズ（黒）
10mm ／ H220-910-1
（ハマナカ）

さし鼻（黒）
6mm（藤久）

作り方ページの見方

P.73以降に掲載している【巻き図】と、P.87以降の作り方ページの見方と説明です。

基本の作り方 ❶

くま
作品 » P.48

でき上がりサイズ
縦70mm×横70mm×厚み55mm
（ブローチ台を除く）

ポンポンメーカーの大きさ：65mm	
[使用糸] 本体：● 純毛中細(53) 耳　：● 純毛中細(53)	[その他の材料] 目：さし目(黒) 6mm…2個 鼻：羊毛「フルフィール」(70BK)…少量 鼻〜口のライン：羊毛または毛糸(黒)…少量 ブローチ台

【巻き図】

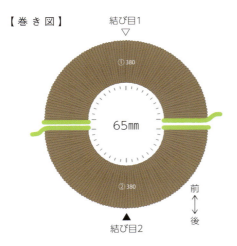

結び目1
① 380
65mm
② 380
前↕後
結び目2

糸の巻き始め

1

ポンポンメーカーのアームをそろえて持ち、糸端を親指で押さえながら巻き始めます。

2

1の糸端に重ねて糸を巻きます。2回巻いたところ。

3

糸端を押さえていた親指を離し、巻きはじめの糸は右端にずらします。上半分のアームに380回巻きます。

4

右端から左端へ、左端まで巻けたら今度は左から右へ向かって、何度か往復しながら厚みが均一になるように巻きます。

同じ色の糸は2本取りで

同じ糸を多くの回数巻くときは、糸を2本取りにして巻くこともできます。2本取りの場合は巻く回数を指定の半分の回数にします。ひと玉の毛糸でも、外側の糸端と内側の糸端をそろえて持てば2本取りができます。

糸の巻き終わり

上半分を巻き終わりました。糸をカットしてアームを閉じます。ポンポンメーカーを持ち替えて下半分も同様に巻いていきます。下半分も巻き終わりました（右）。

まわりをカットしてたこ糸で結ぶ

1

アームとアームの間にはさみの刃先を入れ、糸をカットします。厚みがあって切りにくい場合は、刃先を使って少しずつ切っていきます。

2

一周ぐるりとカットします。カットが終わったところ。

3

糸をカットしてできたすき間にたこ糸をわたし、正面側の結び目1の位置で2回かけて強く引きしめて結びます。

4

反対側にたこ糸をわたし、結び目2の位置で強く引きしめてひと結びします。同じ位置でもう一度ひと結びします。

ポンポンを取り出して形を整える

1

すべてのアームを開き、ポンポンを取り出します。

2

手のひらで転がすと球状になります。

3

飛び出た余分な糸をカットし、かるく形を整えます。

4

たこ糸の結び目に、つまようじでボンドをつけ固定します。

5

ブローチ金具をつけるために、後ろ側を平らにカットします。金具をつけない場合はカットせずに、丸いままでもOK。

6

ベースのポンポンができました。

全体をカットする

できあがりの写真を参考に、顔の凹凸を大まかにカットしていきます。

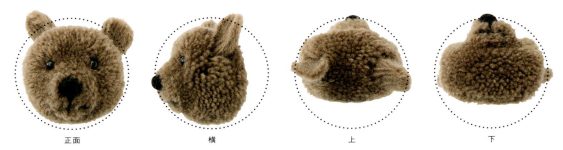

正面　　　横　　　上　　　下

各作品の作り方ページに正面・横・上・下から見た写真があります。点線がもともとのポンポンの輪郭です。
点線よりも内側の部分をカットして形を整えます。

カットする際に上下がわからなくならないよう、頭頂部を1点定めてまち針を刺して印をつけておきます。

上の写真を参考にしながら、くぼませたいところをカットしていきます。

75

おおまかなカットができました。

鼻のまわりをニードルで刺す〜形を仕上げる

1

鼻まわりの盛り上がり（マズル）は、フェルティングニードルで周りから刺し、固さを出します。

2

色々な角度から見ながらはさみで整え、形を仕上げていきます。

3

本体のカットが終わりました。

鼻を作る（羊毛フェルトの場合）

1

黒の羊毛で鼻を作ります。羊毛を適量とります。

2

羊毛を端からきつめに巻いてフェルティングニードルで刺します。

3

色々な角度からニードルで刺して丸く形作ります。ふわふわと出た羊毛の端はそのままにしておきます。

4

ふわふわと出ている部分をニードルで、本体に刺しとめていきます。

5

鼻がつきました。

耳を作る（毛糸の場合）

1

毛糸で耳を作ります。耳の毛糸を約8cm×24本用意します。写真のように、人差し指と中指を広げたところに必要な本数分糸を巻き、カットすると簡単です。

2

毛糸を2本ずつとり、フェルティングニードルで毛糸の中心を本体に刺しとめていきます。ポンポンの中心のたこ糸にニードルが当たると、折れることがあるので注意します。

3

2本の毛糸を刺し終えたら、ニードルを横から刺して毛糸同士をつなげます。

4

*2*と*3*を繰り返し、同様にとなりに次の2本の毛糸を差しとめて、横からニードルで刺して毛糸同士をつなげます。

5

これを繰り返して、片耳で12本の毛糸を刺しとめます。

6

もう片方も同じように作ります。毛糸を刺し終わったところ。

7

刺し終えた毛糸を耳の形にはさみでカットして整えます。

8

ニードルを横から刺して形を整えます。最後に本体にしっかりつくようニードルで刺します。

目をつける

1

さし目に手芸用ボンドをつけます。

2

好みの位置に目を接着します。

3

目をつけ終えたところ。

> **パーツはすべて同様につける**
>
> 鼻のパーツを使用する場合も、同様につけます。
> （例：ポメラニアン）

鼻〜口のラインを入れる

1

黒の羊毛または毛糸を少量とり、ニードルで鼻〜口のラインを刺します。

2

余りはカットします。

> **毛糸を使ってもOK**
>
> 毛糸を使う場合は、写真のように一本の糸を2〜3本にほぐして使います。

くまのでき上がり

裏面のたこ糸を短くカットしてブローチ台を接着したら完成。
ブローチ台の付け方 》P.86

基本の作り方 ❷

うさぎ [ベージュ]

作品 》P.19

でき上がりサイズ
縦100mm×横65mm×厚み55mm
（ブローチ台を除く）

ポンポンメーカーの大きさ：65mm

[使用糸]
本体：ままあむ(54)
　　　○NEW洗えるメリノ並太(01)

[その他の材料]
目：プラスチックアイ(茶) 9mm…2個
耳：羊毛「フルフィール」(67BE)(71LP)…少量
鼻～口・アイライン：羊毛または毛糸(焦茶)
　　　　　　　　　…少量
ブローチ台

【巻き図】

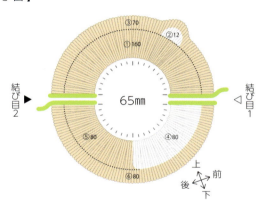

【耳型紙】

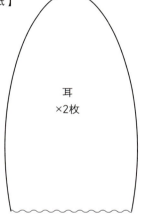

耳
×2枚

2種類以上の糸を使って巻く

①の部分

1

上半分のアーム全体に、ベージュの糸を160回巻きます。できるだけ均一な厚みになるようにきっちりと巻いていきます。

2

160回巻き終わりました。

79

巻き終わりの糸端を仮止めする

巻いている糸が途中で途切れた場合や糸を替える場合、
巻き終わりの糸端がほどけてこないように仮止めします。

1

ポンポンメーカーを持っている手の人差し指に巻き終わりの糸をかけてトンネルを作り、
糸端をくぐらせて引きしめます。

2

引きしめたところ。余分な糸はカットします。

② の 部 分

3

図の位置に白の糸を12回巻きます。巻き図中に角度を示す目盛りが記載されているので、分
度器をあてて巻く位置を定めます。

③ の 部 分

4

アーム全体にベージュの糸を70回巻きます。上半分を巻き終わりました。

④の部分

5

下半分のアームに持ち替え、図の位置に白の糸を80回巻きます。

⑤の部分

6

図の位置にベージュの糸を80回巻きます。

⑥の部分

7

アーム全体にベージュの糸を80回巻きます。下半分も巻き終わりました。

まわりをカットしてたこ糸で結ぶ〜ポンポンを取り出して形を整える

1

アームとアームの間にはさみの刃先を入れ、糸をカットします。厚みがあって切りにくい場合は、刃先を使って少しずつ切っていきます。

2

糸をカットしてできたすき間にたこ糸をわたし、正面側の結び目1の位置で2回かけて強く引きしめて結びます。

3

反対側にたこ糸をわたし、結び目2の位置で強く引きしめてひと結びします。同じ位置でもう一度ひと結びします。

4

すべてのアームを開き、ポンポンを取り出します。

5

手のひらで転がすと球状になります。

6

飛び出た余分な糸をカットし、かるく形を整えます。たこ糸の結び目には、つまようじでボンドをつけ固定します。ブローチ金具を付けるため、後ろ側は平らにカットします。

正面

横

上

下

各作品の作り方ページに正面・横・上・下から見た写真があります。点線がもともとのポンポンの輪郭です。
点線よりも内側の部分をカットして形を整えます。

全体～細部をカットして形を仕上げる

1

正面手前から奥に向かって、頬の上になる部分をカットします。

2

形を整えます。

3

片方の頬の形ができました。

4

はさみの刃先で毛糸の流れを整えながらカットしていきます。

5

両頬の形ができました。

6

あごの部分をカットします。

7

口からあごにかけての形ができました。

8

鼻のサイドをカットします。

9

本体のカットが終わりました。

耳を作る（羊毛の場合）

1

羊毛で耳を作ります。ベージュの羊毛を適量とり、フェルティングマットの上に型紙よりひとまわり大きく広げます。

2

フェルティングニードルで表面をまんべんなく刺します。何度かひっくり返しながら、表と裏の両面から繰り返し刺していきます。

3

シート状になってきたら、周囲（側面）からも刺します。添えている指をニードルで刺さないように慎重に。

4

周囲から刺していくと、ひとまわり小さくなります。型紙くらいの大きさ、形になるよう整えます。ふわふわと出た耳の根元部分の羊毛はそのままにしておきます。

5

薄ピンクの羊毛を少量とり、先ほど作った耳の上に薄く広げ、まんべんなく刺しほんのりと色づけます。

6

反対側の耳も同様に作ります。

スタンプインクで色付け

耳の一部分だけに色付けする場合、布用スタンプインクをポンポンとたたくように着色します。色がついたらティッシュか布ではさみ、中温のアイロンをあてて定着させます。（例：きつね）

7

耳の根元部分のふわふわと出ている羊毛を、ニードルで本体に刺しとめていきます。表、裏の両側から刺し、耳の向きや角度を整えます。

8

耳がついたところ。

目をつける

1

目をボンドで接着します。差し込み部分が長い場合はニッパーで少しカットしてから接着します。

2
好きな位置につけてください。

3
目がついたところ。

アイラインを入れる

1

焦茶の羊毛（または毛糸）を少量とり、目のまわりにニードルでアイラインを刺します。

2
アイラインを入れたところ。

毛糸を使ってもOK

毛糸を使う場合は、写真のように一本の糸を2〜3本にほぐして使います。

鼻〜口のラインを入れる

1
アイラインと同様に、鼻〜口のラインを刺します。

2

3

うさぎのでき上がり

裏面のたこ糸を短くカットしてブローチ台を接着したら完成。
ブローチ台の付け方 》P.86

85

基本の連結の仕方

ポンポン同士を連結する場合は、それぞれのポンポンから出ているたこ糸や刺繍糸を利用します。

頭と胴体を連結する

1

それぞれのポンポンから出ているたこ糸(または刺繍糸)を2回かけて、写真のような結び目を作ります。

2

強く引きしめて結びます。

3

たこ糸(または刺繍糸)を首の後ろ側にまわして、根元でひと結びを2回します。

ブローチ金具のつけ方

この本では、動物の大きさによって二種類のブローチ用の金具を使い分けています。

ブローチ台

この本では主に皿付きの金具を使用しています。金属と毛糸を接着できる多用途タイプの接着剤を使用します。

1

ブローチ台の皿部分に、接着剤を塗ります。

2

本体裏の平らにカットした面に、ブローチ台を貼りつけ、しっかりと押しつけます。

造花ピン

ハムスターなど、小さい動物をブローチにする場合は、本体の色に合わせたフェルトに造花ピンを縫いつけて使用します。

1

フェルトを直径2.5cmの円にカットし、針と糸で造化ピンを縫いつけます。円の中心よりやや上の位置に縫いつけます。

2

フェルトの裏面にボンドを塗り、本体に貼りつけしっかりと押し付けます。

作り方

うさぎ [グレー]
作品 » P.18

【でき上がりサイズ】
縦100mm×横65mm×厚み55mm

ポンポンメーカーの大きさ：65mm	
[使用糸] 本体：○NEW洗えるメリノ並太(01) 　　　●カラーメランジ(10)	[その他の材料] 目：プラスチックアイ(茶) 9mm…2個 耳：羊毛「フルフィール」(69GY)(71LP) 　　…少量 鼻～口・アイライン：羊毛または毛糸 　　(焦茶)…少量 ブローチ台

【巻き図】

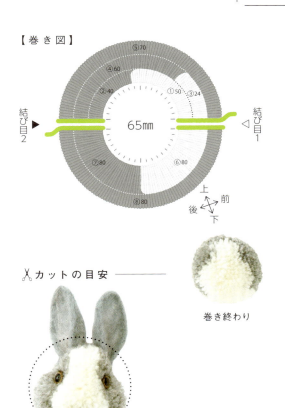

巻き終わり

カットの目安

正面　※横・上・下はP.82参照

【作り方】

1 65mmのポンポンメーカーに①～⑧の順に糸を巻いてポンポンを作る。巻いた糸をカットしたら、結び目1の位置でたこ糸を2回かけて結び、結び目2の位置でひと結びを2回する。ポンポンメーカーから取りはずし、ポンポンの形をかるく整えたら、たこ糸の結び目をボンドで補強する。»P.79-82

2 ポンポンをカットする。下の写真とP.82のウサギ(ベージュ)の写真を参照して後ろ側は平らにカットし、写真を参考に色々な角度から見ながらカットして、顔の凹凸を作っていく。»P.82-83

3 グレーの羊毛と薄ピンクの羊毛で耳を作り、フェルティングニードルで本体に刺しとめる。»P.84　»型紙P.126

4 目をボンドで接着する。»P.85

5 指定の羊毛(または毛糸)を少量とり、フェルティングニードルでアイラインを入れる。鼻～口のラインも入れる。»P.85

6 余分なたこ糸をカットし、後ろ側に接着剤でブローチ台を貼り付けて完成。»P.86

シマリス
作品 》P.16

でき上がりサイズ
縦65mm×横65mm×厚み55mm

ポンポンメーカーの大きさ：65mm

[使用糸]
本体：● NEWアルパカメリノ(33)
　　　● 純毛中細(53)
　　　● 洗える合太(01)
　　　○ NEW洗えるメリノ並太(01)
耳：● NEWアルパカメリノ(33)

[その他の材料]
目：さし目(黒) 8mm…2個
アイライン：羊毛または毛糸(焦茶)
　　　　　…少量
ブローチ台

【巻き図】

結び目2 ◀　　　　▷ 結び目1

⑨55　⑦10
⑥36　④43
①105　⑤35
　　　③30
　　　②20
⑩230
65mm

上・前・後・下

巻き終わり

【作り方】

1　65mmのポンポンメーカーに①〜⑩の順に糸を巻いてポンポンを作る。巻いた糸をカットしたら、結び目1の位置でたこ糸を2回かけて結び、結び目2の位置でひと結びを2回する。ポンポンメーカーから取りはずし、ポンポンの形をかるく整えたら、たこ糸の結び目をボンドで補強する。》P.79-82

2　ポンポンをカットする。後ろ側は平らにカットし、そのほかの部分は下の写真を参照していろいろな角度から見てカットし、顔の凹凸を作っていく。

3　耳の毛糸を約8cm×12本(6本を2組)用意し、フェルティングニードルで本体に刺しとめて耳を作る。》P.77-78

4　目をボンドで接着する。》P.85

5　指定の羊毛(または毛糸)を少量とり、フェルティングニードルでアイラインを入れる。》P.85

6　余分なたこ糸をカットし、後ろ側に接着剤でブローチ台を貼り付けて完成。》P.86

✂ カットの目安

正面

横

上

下

アメリカ
アカリス

作品 » P.17

でき上がりサイズ
縦65mm×横65mm×厚み55mm

ポンポンメーカーの大きさ：65mm	
[使用糸]	[その他の材料]
本体：● 洗える合太(05)	目：さし目(黒)8mm…2個
○ NEW洗えるメリノ並太(01)	アイライン：羊毛または毛糸(焦茶)
● 洗える合太(03)	…少量
耳：● 洗える合太(03)	ブローチ台

【巻き図】

結び目2 ▶ ◁ 結び目1

65mm

②135 ⑤60 ③135 ④10 ①5 ②20 ①12
⑨90 ⑧170

上・前・後・下

巻き終わり

【作り方】

1 65mmのポンポンメーカーに①〜⑨の順に糸を巻いてポンポンを作る。巻いた糸をカットしたら、結び目1の位置でたこ糸を2回かけて結び、結び目2の位置でひと結びを2回する。ポンポンメーカーから取りはずし、ポンポンの形をかるく整えたら、たこ糸の結び目をボンドで補強する。 »P.79-82

2 ポンポンをカットする。後ろ側は平らにカットし、そのほかの部分は下の写真とP.88シマリスのカットの目安を参照して、いろいろな角度から見てカットし、顔の凹凸を作っていく。

3 耳の毛糸を約8cm×16本(8本を2組)用意し、フェルティングニードルで本体に刺しとめて耳を作る。 »P.77-78

4 目をボンドで接着する。 »P.85

5 指定の羊毛(または毛糸)を少量とり、フェルティングニードルでアイラインを入れる。 »P.85

6 余分なたこ糸をカットし、後ろ側に接着剤でブローチ台を貼り付けて完成。 »P.86

✄ カットの目安

正面　　　※横・上・下はP.88参照

はりねずみ
作品 » P.20

でき上がりサイズ
縦60mm×横68mm×厚み55mm

ポンポンメーカーの大きさ：65mm

[使用糸]
本体：● NEWアルパカメリノ(35)
　　　○ NEW洗えるメリノ並太(01)
　　　● ままあむ(71)
　　　● 純毛中細(53)

[その他の材料]
目：さし目(黒) 6mm…2個
耳：羊毛「フルフィール」(69GY)
鼻：ドッグノーズ(黒) 8mm…1個
ブローチ台

【巻き図】

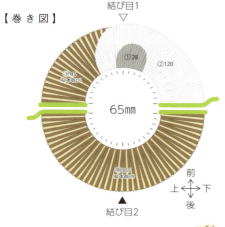

結び目1 ▽
①28
②120
③45（2本取り）
65mm
④135（2本取り）
▲ 結び目2

前
上 ↔ 下
後

巻き終わり

【作り方】

1　65mmのポンポンメーカーに①〜④の順に糸を巻いてポンポンを作る。③と④は、●ままあむ(71)と●純毛中細(53)の糸を2本取りで巻く。巻いた糸をカットしたら、結び目1の位置でたこ糸を2回かけて結び、結び目2の位置でひと結びを2回する。ポンポンメーカーから取りはずし、ポンポンの形をかるく整えたら、たこ糸の結び目をボンドで補強する。 »P.79-82

2　ポンポンをカットする。後ろ側は平らにカットし、そのほかの部分は下の写真を参照していろいろな角度から見てカットし、顔の凹凸を作っていく。

3　指定の羊毛で耳を作り、フェルティングニードルで本体に刺しとめる。 »P.84　型紙P.126

4　鼻まわりは、フェルティングニードルで周りから刺し、固さを出す。 »P.76

5　目と鼻をボンドで接着する。鼻の向きは上下を逆さにして使用する。 »P.78

6　余分なたこ糸をカットし、後ろ側に接着剤でブローチ台を貼り付けて完成。 »P.86

カットの目安

正面

横

上

下

レッサーパンダ

作品 》P.22

でき上がりサイズ
縦68mm×横68mm×厚み55mm

ポンポンメーカーの大きさ：65mm	
[使用糸] 本体：○NEW洗えるメリノ並太(01) 　　　●NEWアルパカメリノ(33) 　　　●洗える合太(05) 耳：　●カラーメランジ並太(01)	[その他の材料] 目：さし目(黒) 6mm…2個 鼻〜口のライン：羊毛または毛糸(黒) 　　　　　　　　…少量 鼻：ドッグノーズ(黒) 8mm…1個 ブローチ台

【巻き図】

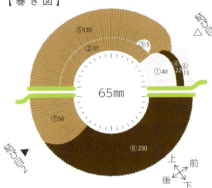

【作り方】

1. 65mmのポンポンメーカーに①〜⑧の順に糸を巻いてポンポンを作る。巻いた糸をカットしたら、結び目1の位置でたこ糸を2回かけて結び、結び目2の位置でひと結びを2回する。ポンポンメーカーから取りはずし、ポンポンの形をかるく整えたら、たこ糸の結び目をボンドで補強する。 》P.79-82

2. ポンポンをカットする。後ろ側は平らにカットし、そのほかの部分は下の写真を参照していろいろな角度から見てカットし、顔の凹凸を作っていく。

3. ●カラーメランジ(01)を約10cm×20本(10本を2組)用意し、フェルティングニードルで本体に刺しとめ、耳の形にカットする。 》P.77-78
●カラーメランジ(01)を約6cm×6本(3本を2組)用意し、先ほど作った耳の外側の端に差しとめ、カットして耳毛を作る。 》P.77-78

4. 鼻まわりは、フェルティングニードルで周りから刺し、固さを出す。 》P.76

5. 目と鼻をボンドで接着する。 》P.78

6. 指定の羊毛（または毛糸）を少量とり、フェルティングニードルで鼻〜口のラインを入れる。 》P.78

7. 余分なたこ糸をカットし、後ろ側に接着剤でブローチ台を貼り付けて完成。 》P.86

巻き終わり

✂ カットの目安

正面

横

上

下

91

ポメラニアン

作品 » P.27

でき上がりサイズ
縦70mm×横65mm×厚み58mm

ボンボンメーカーの大きさ：65mm

[使用糸]
本体： ● ままあむ(54)
　　　 ● カラーメランジ並太(01)
　　　 ● NEWアルパカメリノ(34)
耳：　 ● カラーメランジ並太(01)

[その他の材料]
目：さし目(黒) 8mm…2個
鼻：ドッグノーズ(黒) 10mm…1個
ブローチ台

【巻き図】

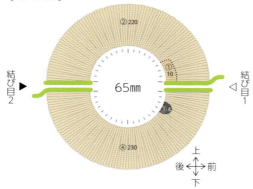

結び目2　結び目1

② 220
① 10
③ ④
④ 230

65mm

後　前
上
下

巻き終わり

【作り方】

1　65mmのポンポンメーカーに①〜④の順に糸を巻いてポンポンを作る。巻いた糸をカットしたら、結び目1の位置でたこ糸を2回かけて結び、結び目2の位置でひと結びを2回する。ポンポンメーカーから取りはずし、ポンポンの形をかるく整えたら、たこ糸の結び目をボンドで補強する。 »P.79-82

2　ポンポンをカットする。後ろ側は平らにカットし、そのほかの部分は下の写真を参照していろいろな角度から見てカットし、顔の凹凸を作っていく。

3　鼻まわりは、フェルティングニードルで周りから刺し、固さを出す。 »P.76

4　● カラーメランジ(01)を約10cm×12本(6本を2組)用意し、フェルティングニードルで本体に刺しとめ、耳の形にカットする。 »P.77-78

5　目と鼻をボンドで接着する。 »P.78

6　余分なたこ糸をカットし、後ろ側に接着剤でブローチ台を貼り付けて完成。 »P.86

カットの目安

正面

横

上

下

エキゾチック ショートヘア

作品 » P.28

でき上がりサイズ
縦70mm×横68mm×厚み50mm

ポンポンメーカーの大きさ：65mm

[使用糸]
本体： シルフィードモヘア(33)
　　　 ○NEW洗えるメリノ並太(01)
　　　 NEWアルパカメリノ(32)
耳： 　NEWアルパカメリノ(32)

[その他の材料]
目：クリスタルアイ（ゴールド）9mm
　　…2個
鼻〜口・アイライン：羊毛または毛糸
　　（焦茶）…少量
ブローチ台

【巻き図】

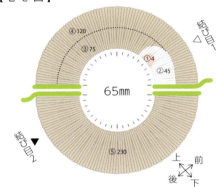

結び目1 △
結び目2 ▼
④120
③75
①4
②45
⑤230
65mm
上 前
後 下

巻き終わり

【作り方】

1. 65mmのポンポンメーカーに①〜⑤の順に糸を巻いてポンポンを作る。巻いた糸をカットしたら、結び目1の位置でたこ糸を2回かけて結び、結び目2の位置でひと結びを2回する。ポンポンメーカーから取りはずし、ポンポンの形をかるく整えたら、たこ糸の結び目をボンドで補強する。 »P.79-82

2. ポンポンをカットする。後ろ側は平らにカットし、そのほかの部分は下の写真を参照していろいろな角度から見てカットし、顔の凹凸を作っていく。

3. アルパカメリノ(22)を約10cm×12本（6本を2組）用意し、フェルティングニードルで本体に刺しとめ、耳の形にカットする。 »P.77-78

4. 目をボンドで接着する。 »P.85

5. 指定の羊毛（または毛糸）を少量とり、フェルティングニードルで鼻〜口のラインを入れる。アイラインも薄く入れる。 »P.85

6. 余分なたこ糸をカットし、後ろ側に接着剤でブローチ台を貼り付けて完成。 »P.86

✂ カットの目安

正面

横

上

下

ハムスター［グレー・白・ベージュ］

作品 » P.23

でき上がりサイズ
縦45mm×横55mm×厚み40mm

グレー

ポンポンメーカーの大きさ：45mm	
［使用糸］ 本体： ● ままあむ(68) ● シルフィードモヘア(33) ○ NEW洗えるメリノ並太(01)	［その他の材料］ 目：さし目(黒)6mm…2個 耳：羊毛「フルフィール」 　　(69GY)(71LP)…少量 土台：フェルト(グレー) 　　…3cm角 造花ピン

【巻き図】

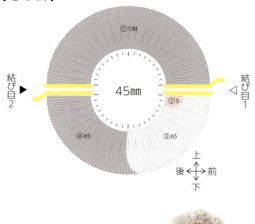

巻き終わり
※正面・横・上・下はP.95参照

白

ポンポンメーカーの大きさ：45mm	
［使用糸］ 本体： ○ NEW洗えるメリノ並太(01) ● シルフィードモヘア(33)	［その他の材料］ 目：さし目(黒)6mm…2個 耳：羊毛「フルフィール」 　　(66WH)(71LP)…少量 土台：フェルト(白)…3cm角 造花ピン

【巻き図】

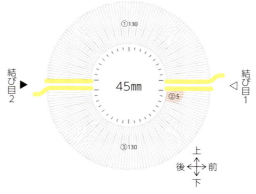

巻き終わり
※正面・横・上・下はP.95参照

ベージュ

ポンポンメーカーの大きさ：45mm

[使用糸]
本体：
● シルフィードモヘア(33)
○ NEW洗えるメリノ並太(01)
● ままあむ(71)

[その他の材料]
目：さし目(黒) 6mm…2個
耳：羊毛「フルフィール」
　　(67BE)(71LP)…少量
土台：フェルト(ベージュ)
　　…3cm角
造花ピン

【作り方】

1. 45mmのポンポンメーカーにグレーとベージュは①〜④、白は①〜③の順に糸を巻いてポンポンを作る。巻いた糸をカットしたら、結び目1の位置でたこ糸を2回かけて結び、結び目2の位置でひと結びを2回する。ポンポンメーカーから取りはずし、ポンポンの形をかるく整えたら、たこ糸の結び目をボンドで補強する。》P.79-82

2. ポンポンをカットする。後ろ側は平らにカットし、そのほかの部分は下の写真を参照していろいろな角度から見てカットし、顔の凹凸を作っていく。

3. 指定の羊毛で耳を作り、フェルティングニードルで本体に刺しとめる。》P.84 》型紙P.126

4. 目をボンドで接着する。》P.78

5. ブローチの土台を作る。直径25mmの円にカットしたフェルトに、糸と針で造花ピンを縫い付ける。》P.86

6. 余分なたこ糸をカットし、5のブローチの土台を接着剤で貼り付けて完成。》P.86

【巻き図】

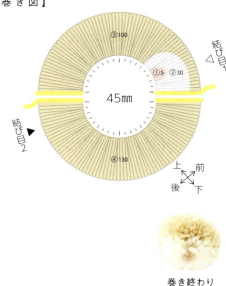

巻き終わり

✂ カットの目安

正面　　横

上　　下

トイプードル
作品 » P.26

でき上がりサイズ
縦60mm×横85mm×厚み55mm

ポンポンメーカーの大きさ：65mm、45mm

[使用糸]
本体： ●NEWプードルモヘヤ(52)
耳： ●NEWプードルモヘヤ(52)

[その他の材料]
目：さし目(黒) 8mm…2個
鼻～口のライン：羊毛または毛糸(黒)…少量
鼻：ドッグノーズ(黒) 10mm…1個
ブローチ台

【巻き図】

本体

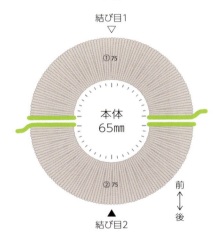

結び目1 ▽
①75
本体 65mm
②75
結び目2 ▲
前↕後

耳

①20
耳×2ヶ 45mm
②20
結び目（連結位置）▲
内側 ↓

巻き終わり

カット後
（下半分の糸をニードルで刺し固めたところ）

巻き終わり

【作り方】

1 65mmのボンボンメーカーに①〜②の順に糸を巻いて本体用のボンボンを作る。巻いた糸をカットしたら、結び目1の位置でたこ糸を2回かけて結び、結び目2の位置でひと結びを2回する。ボンボンメーカーから取りはずし、ボンボンの形をかるく整えたら、たこ糸の結び目をボンドで補強する。》P.73-75

2 45mmのボンボンメーカーに①〜②の順に糸を巻いて耳用のボンボンを作る。巻いた糸をカットしたら、結び目の位置でたこ糸を2回かけて結び、同じ位置でひと結びを1回する。ボンボンメーカーから取りはずし、ボンボンの形をかるく整える。同様にもう1個作る。》P.73-75

3 本体のボンボンをカットする。後ろ側は平らにカットし、正面は、顔の中心のあたりを横にまっすぐ深めにカットして、くぼませる。上半分と下半分の糸は整える程度で、あまりカットしない。

4 下半分の糸は、鼻の付く位置に向けて、周りからフェルティングニードルで刺して固さを出す。》P.76

5 片方の耳用ボンボンから出ているたこ糸を毛糸針に通し（写真a,b）、本体を貫通させてもう一方の耳用ボンボンのたこ糸と結び（写真c）、両耳と本体とを連結させる（写真d）。結び目をボンドで補強し、余分なたこ糸はカットする。

6 目と鼻をボンドで接着する。》P.78

7 指定の羊毛（または毛糸）を少量とり、フェルティングニードルで鼻〜口のラインを入れる。》P.78

8 余分なたこ糸をカットし、後ろ側に接着剤でブローチ台を貼り付けて完成。》P.86

a b

c d

✂ カットの目安

正面　　横　　上　　下

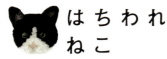

はちわれねこ

作品 » P.29

でき上がりサイズ
縦70mm×横68mm×厚み55mm

ポンポンメーカーの大きさ：65mm

[使用糸]
本体： シルフィードモヘア(33)
　　　○NEW洗えるメリノ並太(01)
　　　●NEW洗えるメリノ並太(21)

[その他の材料]
目：プラスチックアイ マットカラー
　　（グリーン）9mm…2個
耳：羊毛「フルフィール」(70BK)(69GY)
　　…少量
鼻～口のライン：羊毛または毛糸(焦茶)
　　…少量
ブローチ台

【巻き図】

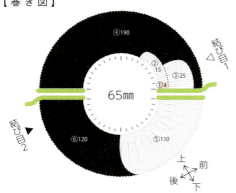

巻き終わり

【作り方】

1. 65mmのポンポンメーカーに①～⑥の順に糸を巻いてポンポンを作る。巻いた糸をカットしたら、結び目1の位置でたこ糸を2回かけて結び、結び目2の位置でひと結びを2回する。ポンポンメーカーから取りはずし、ポンポンの形をかるく整えたら、たこ糸の結び目をボンドで補強する。»P.79-82

2. ポンポンをカットする。後ろ側は平らにカットし、そのほかの部分は下の写真を参照していろいろな角度から見てカットし、顔の凹凸を作っていく。

3. 指定の羊毛で耳を作り、フェルティングニードルで本体に刺しとめる。»P.84　»型紙P.126

4. 目をボンドで接着する。»P.78

5. 指定の羊毛（または毛糸）を少量とり、フェルティングニードルで鼻～口のラインを入れる。»P.85

6. 余分なたこ糸をカットし、後ろ側に接着剤でブローチ台を貼り付けて完成。»P.86

✂ カットの目安

正面

横

上

下

アナホリフクロウ

作品 » P.34

でき上がりサイズ
縦63mm×横63mm×厚み50mm

ポンポンメーカーの大きさ：65mm

[使用糸]
本体：● NEW洗えるメリノ並太(02)
　　　● 純毛中細(53)
　　　● 洗える合太(05)
　　　○ NEWアルパカメリノ(32)

[その他の材料]
目：プラスチックアイ マットカラー
　（イエロー）9mm…2個
くちばし：羊毛「フルフィール」(65YE)
　…少量
ブローチ台

【巻き図】

結び目1 ▽
⑤ 10 (3本取り)
③ 50
④ 45 (3本取り)
② 7
⑥ 40 (3本取り)
65mm
① 110 (3本取り)
▲ 結び目2

前
上 ↔ 下
後

巻き終わり

【作り方】

1. 65mmのポンポンメーカーに①〜⑥の順に糸を巻いてポンポンを作る。①④⑤⑥は● NEW洗えるメリノ並太(02)、● 純毛中細(53)、● 洗える合太(05)の糸を3本取りで巻く。巻いた糸をカットしたら、結び目1の位置でたこ糸を2回かけて結び、結び目2の位置でひと結びを2回する。ポンポンメーカーから取りはずし、ポンポンの形をかるく整えたら、たこ糸の結び目をボンドで補強する。 » P.79-82

2. ポンポンをカットする。後ろ側は平らにカットし、そのほかの部分は下の写真を参照していろいろな角度から見てカットし、顔の凹凸を作っていく。

3. 目をボンドで接着する。 » P.78

4. 指定の羊毛でくちばしを作り、フェルティングニードルで本体に刺しとめる。 » P.103 » 型紙P.127

5. 余分なたこ糸をカットし、後ろ側に接着剤でブローチ台を貼り付けて完成。 » P.86

✂ カットの目安

正面

横

上

下

文鳥 ［桜文鳥・白文鳥］

作品 » P.30

でき上がりサイズ 縦75mm×横60mm×厚み50mm

桜文鳥

ポンポンメーカーの大きさ：25mm、35mm、65mm

[使用糸]
- くちばし：● カラーメランジ並太(02)
- 頭： ● カラーメランジ並太(02)
  ● NEW洗えるメリノ並太(21)
  ○ NEW洗えるメリノ並太(01)
- 胴体：○ NEW洗えるメリノ並太(01)
  ● ままあむ(68)

[その他の材料]
- 目：さし目(黒)6mm …2個
- 刺繍糸(ピンク) …約40cm
- ブローチ台

白文鳥

ポンポンメーカーの大きさ：25mm、35mm、65mm

[使用糸]
- くちばし：● カラーメランジ並太(02)
- 頭： ● カラーメランジ並太(02)
  ○ NEW洗えるメリノ並太(01)
- 胴体：○ NEW洗えるメリノ並太(01)

[その他の材料]
- 目：さし目(黒)6mm …2個
- 刺繍糸(ピンク) …約40cm
- ブローチ台

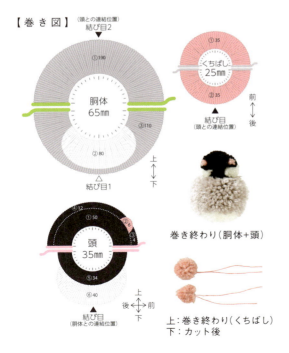

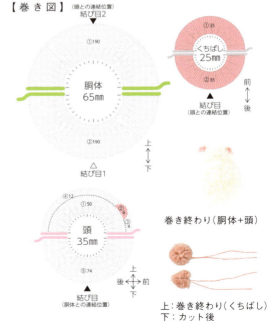

【作り方】

1. 25mmのポンポンメーカーに①〜②の順に糸を巻いてくちばし用のポンポンを作る。巻いた糸をカットしたら、結び目の位置でピンクの刺繍糸を2回かけて結び、同じ位置でひと結びを1回する。ポンポンメーカーから取りはずし、写真を参考にくちばしの形にカットする。》P.79-82

2. 35mmのポンポンメーカーに桜文鳥は①〜⑥、白文鳥は①〜⑤の順に糸を巻いて頭用のポンポンを作る。巻いた糸をカットしたら、結び目の位置でたこ糸を2回かけて結び、同じ位置でひと結びを1回する。ポンポンメーカーから取りはずし、ポンポンの形をかるく整える。》P.79-82

3. 65mmのポンポンメーカーに桜文鳥は①〜③、白文鳥は①〜②の順に糸を巻いて胴体用のポンポンを作る。巻いた糸をカットしたら、結び目1の位置でたこ糸を2回かけて結び、結び目2の位置でひと結びを2回する。ポンポンメーカーから取りはずし、ポンポンの形をかるく整える。》P.79-82

4. 頭と胴体のポンポンを連結する。それぞれのポンポンから出ているたこ糸を2回かけて強く引きしめて結び、たこ糸を首の後ろ側にまわして根元でひと結びを2回する。》P.86

5. くちばしを頭に連結する。くちばしから出ている刺繍糸を刺繍針に通し（写真a）、頭のポンポンの正面から貫通させて後ろ側の頭の付け根のあたりに針を出す（写真b）。この刺繍糸と、本体の首元から出ているたこ糸を結ぶ。ひと結びを2回して（写真c,d,e）、結び目をボンドで補強し余分なたこ糸はカットする。

6. 頭と胴体のポンポンをカットする。後ろ側は平らにカットし、そのほかの部分は下の写真を参照していろいろな角度から見てカットし、顔の凹凸や胴体の形を作っていく。

7. 目をボンドで接着する。》P.78

8. 後ろ側に接着剤でブローチ台を貼り付けて完成。》P.86

a 　b

c 　d

e

✂ カットの目安

正面

横

上

下

セキセイインコ ［白×青・黄×水色］

作品 » P.32

[でき上がりサイズ]
縦63mm×横60mm×厚み45mm

 ## 白×青

ポンポンメーカーの大きさ：65mm

[使用糸]
本体：
- カラーメランジ並太(07)
- ○NEW洗えるメリノ並太(01)
- ミディ(70)
- ミディ(64)

[その他の材料]
目：さし目(黒)6mm…2個
鼻：羊毛「フルフィール」
　　(69GY)(70BK)…少量
くちばし：羊毛「フルフィール」
　　(65YE)…少量
ブローチ台

【巻き図】

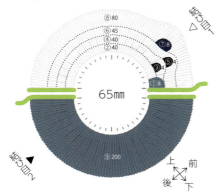

巻き終わり

黄×水色

ポンポンメーカーの大きさ：65mm

[使用糸]
本体：
- カラーメランジ並太(06)
- ジョリータイムⅡ(03)
- ミディ(64)
- ○NEW洗えるメリノ並太(01)

[その他の材料]
目：さし目(黒)6mm…2個
鼻：羊毛「フルフィール」
　　(71LP)(75PU)…少量
くちばし：羊毛「フルフィール」
　　(65YE)…少量
ブローチ台

【巻き図】

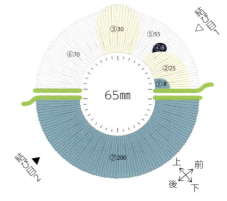

巻き終わり

【作り方】

1. 65mmのポンポンメーカーに白×青は①〜⑨、黄×水色は①〜⑦の順に糸を巻いてポンポンを作る。巻いた糸をカットしたら、結び目1の位置でたこ糸を2回かけて結び、結び目2の位置でひと結びを2回する。ポンポンメーカーから取りはずし、ポンポンの形をかるく整えたら、たこ糸の結び目をボンドで補強する。》P.79-82

2. ポンポンをカットする。後ろ側は平らにカットし、そのほかの部分は下の写真を参照していろいろな角度から見てカットし、顔の凹凸を作っていく。

3. 指定の羊毛でくちばしを作り(写真a)、フェルティングニードルで本体に刺しとめる。(写真b) 》型紙P.127

4. 指定の羊毛で鼻を作り、フェルティングニードルでくちばしの付け根のあたりにに刺しとめる。(写真c,d)

5. 目をボンドで接着する。》P.78

6. 余分なたこ糸をカットし、後ろ側に接着剤でブローチ台を貼り付けて完成。》P.86

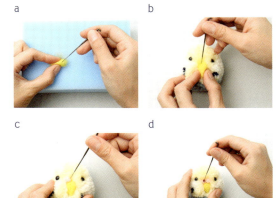

✂カットの目安

正面

横

上

下

アフリカオオコノハズク

作品 » P.34

でき上がりサイズ
縦63mm×横65mm×厚み60mm

ポンポンメーカーの大きさ：65mm

[使用糸]
本体： ●NEWアルパカメリノ(35)
　　　 ○NEW洗えるメリノ並太(01)
　　　 ●NEW洗えるメリノ並太(21)
ひげ： ○モヘア(01)
耳： ●NEWアルパカメリノ(34)

[その他の材料]
目：プラスチックアイ マットカラー
　　（イエロー）9mm…2個
くちばし：羊毛「フルフィール」(65YE)
　　…少量
ブローチ台

【巻き図】

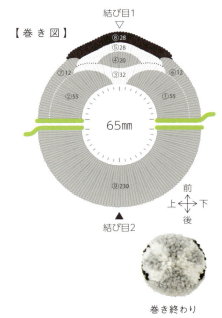

【作り方】

1. 65mmのポンポンメーカーに①〜⑨の順に糸を巻いてポンポンを作る。巻いた糸をカットしたら、結び目1の位置でたこ糸を2回かけて結び、結び目2の位置でひと結びを2回する。ポンポンメーカーから取りはずし、ポンポンの形をかるく整えたら、たこ糸の結び目をボンドで補強する。 »P.79-82

2. ポンポンをカットする。後ろ側は平らにカットし、そのほかの部分は下の写真を参照していろいろな角度から見てカットし、顔の凹凸を作っていく。

3. 目をボンドで接着する。 »P.78

4. 指定の羊毛でくちばしを作り、フェルティングニードルで本体に刺しとめる。 »P.103 　»型紙P.127

5. ○モヘア(01)を約8cm×7本用意し、フェルティングニードルでくちばしの付け根あたりに刺しとめ、カットして整える。 »P.77-78

6. ●アルパカメリノ(24)を約12cm×8本（4本を2組）用意し、羽角（上部左右のでっぱり）の位置に、耳を付ける要領でフェルティングニードルで刺しとめる。 »P.77

7. 余分なたこ糸をカットし、後ろ側に接着剤でブローチ台を貼り付けて完成。 »P.86

カットの目安

正面

横

上

下

メンフクロウ
作品 » P.35

でき上がりサイズ
縦68mm×横68mm×厚み45mm

ポンポンメーカーの大きさ：65mm	
[使用糸] 本体：● ままあむ(54) 　　　○NEW洗えるメリノ並太(01) 　　　● ままあむ(71) 目尻～鼻筋のライン： 　　　● シルフィードモヘア(33)	[その他の材料] 目：さし目(黒)8mm…2個 くちばし：羊毛「フルフィール」(71LP) 　　　　…少量 ブローチ台

【巻き図】

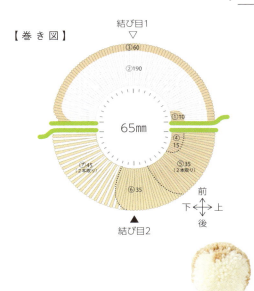

巻き終わり

【作り方】

1. 65mmのポンポンメーカーに①～⑦の順に糸を巻いてポンポンを作る。⑤は●ままあむ(54)と●ままあむ(71)、⑦は○NEW洗えるメリノ並太(01)と●ままあむ(71)の糸を2本取りで巻く。巻いた糸をカットしたら、結び目1の位置でたこ糸を2回かけて結び、結び目2の位置でひと結びを2回する。ポンポンメーカーから取りはずし、ポンポンの形をかるく整えたら、たこ糸の結び目をボンドで補強する。》P.79-82

2. ポンポンをカットする。後ろ側は平らにカットし、そのほかの部分は下の写真を参照していろいろな角度から見てカットし、顔の凹凸を作っていく。

3. 目をボンドで接着する。》P.85

4. 指定の羊毛でくちばしを作り、フェルティングニードルで本体に刺しとめる。》P.103　》型紙P.127

5. ●シルフィードモヘア(33)の糸を使って、フェルティングニードルで目尻～鼻筋のラインを入れる。》P.85

6. 余分なたこ糸をカットし、後ろ側に接着剤でブローチ台を貼り付けて完成。》P.86

✂カットの目安

正面

横

上

下

パンダ
作品 » P.38

でき上がりサイズ
縦63mm×横65mm×厚み55mm

ポンポンメーカーの大きさ：65mm	
[使用糸] 本体：○NEW洗えるメリノ並太(01) 　　　●NEW洗えるメリノ並太(21) 耳：　●NEW洗えるメリノ並太(21)	[その他の材料] 目：さし目(黒)6mm…2個 鼻〜口のライン：羊毛または毛糸(黒) 　　　　　　　　…少量 ブローチ台

【巻き図】

⑤80
④60
①80
②9
③10
⑥⑧
⑦230

65mm

結び目2　結び目1

上　
後←→前　
下

巻き終わり

【作り方】

1. 65mmのポンポンメーカーに①〜⑦の順に糸を巻いてポンポンを作る。巻いた糸をカットしたら、結び目1の位置でたこ糸を2回かけて結び、結び目2の位置でひと結びを2回する。ポンポンメーカーから取りはずし、ポンポンの形をかるく整えたら、たこ糸の結び目をボンドで補強する。 »P.79-82

2. ポンポンをカットする。後ろ側は平らにカットし、そのほかの部分は下の写真を参照していろいろな角度から見てカットし、顔の凹凸を作っていく。

3. 鼻まわりは、フェルティングニードルで周りから刺し、固さを出す。 »P.76

4. ●NEW洗えるメリノ並太(21)を約10cm×14本(7本を2組)用意し、フェルティングニードルで本体に刺しとめ、耳の形にカットする。 »P.77-78

5. 目をボンドで接着する。 »P.78

6. 指定の羊毛(または毛糸)を少量とり、フェルティングニードルで鼻〜口のラインを入れる。 »P.78

7. 余分なたこ糸をカットし、後ろ側に接着剤でブローチ台を貼り付けて完成。 »P.86

✂ カットの目安

正面

横

上

下

きつね
作品 》 P.40

でき上がりサイズ
縦68mm×横70mm×厚み58mm

ポンポンメーカーの大きさ：65mm

[使用糸]
本体：
● ままあむ(54)
○ NEW洗えるメリノ並太(01)

[その他の材料]
目：キャットアイ7.5mm…2個
耳：羊毛「フルフィール」(67BE)(66WH)…少量
鼻：羊毛「フルフィール」(70BK)…少量
鼻〜口・アイライン：羊毛または毛糸(黒)…少量
布用スタンプインク(黒)
ブローチ台

【巻き図】

②50　①160　③30
結び目2　結び目1
65mm
⑤110　④120

上 / 後←→前 / 下

巻き終わり

【作り方】

1 65mmのポンポンメーカーに①〜⑤の順に糸を巻いてポンポンを作る。巻いた糸をカットしたら、結び目1の位置でたこ糸を2回かけて結び、結び目2の位置でひと結びを2回する。ポンポンメーカーから取りはずし、ポンポンの形をかるく整えたら、たこ糸の結び目をボンドで補強する。 》P.79-82

2 ポンポンをカットする。後ろ側は平らにカットし、そのほかの部分は下の写真を参照していろいろな角度から見てカットし、顔の凹凸を作っていく。

3 鼻まわりは、フェルティングニードルで周りから刺し、固さを出す。 》P.76

4 黒の羊毛で鼻を作り、本体に刺しとめる。 》P.76

5 ベージュと白の羊毛で耳を作る。形ができたら、耳の後ろ側の上部を布用スタンプインクでトントンと、黒く色づける。色付けした部分は、仕上げに当て布をしてアイロンをかける。フェルティングニードルで本体に刺しとめる。
》P.84　》型紙P.126

6 目をボンドで接着する。 》P.85

7 指定の羊毛(または毛糸)を少量とり、フェルティングニードルでアイライン、鼻〜口のラインを入れる。 》P.85

8 余分なたこ糸をカットし、後ろ側に接着剤でブローチ台を貼り付けて完成。
》P.86

✂ カットの目安

正面

横

上

下

コアラ［親］

作品 » P.39

でき上がりサイズ
縦65mm×横110mm×厚み53mm

ポンポンメーカーの大きさ：65mm

[使用糸]
本体：● NEW洗えるメリノ並太（21）
　　　● カラーメランジ並太（10）
　　　○ NEW洗えるメリノ並太（01）
耳：　● カラーメランジ並太（10）

[その他の材料]
目：クリスタルアイ（ブラウン）
　　7.5mm…2個
ブローチ台

【巻き図】

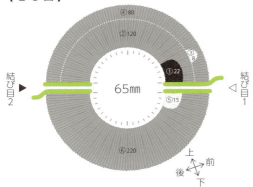

① 22
② 120
③ 8
④ 80
⑤ 15
⑥ 220

65mm

結び目2　結び目1

上 前
後 下

巻き終わり

【作り方】

1　65mmのポンポンメーカーに①〜⑥の順に糸を巻いてポンポンを作る。巻いた糸をカットしたら、結び目1の位置でたこ糸を2回かけて結び、結び目2の位置でひと結びを2回する。ポンポンメーカーから取りはずし、ポンポンの形をかるく整えたら、たこ糸の結び目をボンドで補強する。　» P.79-82

2　ポンポンをカットする。後ろ側は平らにカットし、そのほかの部分は下の写真を参照していろいろな角度から見てカットし、顔の凹凸を作っていく。

3　鼻は、フェルティングニードルで周りから刺し、固さを出す。
　　» P.76

4　● カラーメランジ（10）を約14cm×28本（14本を2組）用意し、フェルティングニードルで本体に刺しとめ、耳の形にカットする。
　　» P.77-78

5　目をボンドで接着する。　» P.85

6　余分なたこ糸をカットし、後ろ側に接着剤でブローチ台を貼り付けて完成。　» P.86

✂ カットの目安

正面

横

上

下

コアラ [子]

作品 » P.39

でき上がりサイズ
縦53mm×横90mm×厚み40mm

ポンポンメーカーの大きさ：45mm	
[使用糸]	[その他の材料]
本体：● NEW洗えるメリノ並太(21)	目：プラスチックアイ(茶) 6mm…2個
● カラーメランジ並太(10)	ブローチ台
○ NEW洗えるメリノ並太(01)	
耳：● カラーメランジ並太(10)	

【巻き図】

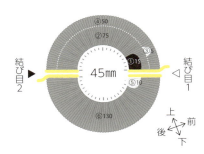

巻き終わり

【作り方】

1. 45mmのポンポンメーカーに①〜⑥の順に糸を巻いてポンポンを作る。巻いた糸をカットしたら、結び目1の位置でたこ糸を2回かけて結び、結び目2の位置でひと結びを2回する。ポンポンメーカーから取りはずし、ポンポンの形をかるく整えたら、たこ糸の結び目をボンドで補強する。 »P.79-82

2. ポンポンをカットする。後ろ側は平らにカットし、そのほかの部分は下の写真を参照していろいろな角度から見てカットし、顔の凹凸を作っていく。

3. 鼻は、フェルティングニードルで周りから刺し、固さを出す。 »P.76

4. ● カラーメランジ(10)を約12cm×20本(10本を2組)用意し、フェルティングニードルで本体に刺しとめ、耳の形にカットする。 »P.77-78

5. 目をボンドで接着する。 »P.85

6. 余分なたこ糸をカットし、後ろ側に接着剤でブローチ台を貼り付けて完成。 »P.86

※正面・横・上・下はP.108参照

おおかみ
作品 » P.41

でき上がりサイズ
縦70mm×横68mm×厚み58mm

ポンポンメーカーの大きさ：65mm	
[使用糸]	[その他の材料]
本体：	目：クリスタルアイ（ゴールド）7.5mm…2個
●NEWアルパカメリノ(35)	耳：羊毛「フルフィール」(69GY)(66WH)…少量
●NEWアルパカメリノ(34)	鼻：羊毛「フルフィール」(70BK)…少量
○NEW洗えるメリノ並太(01)	鼻〜口・アイライン：羊毛または毛糸(黒)…少量
	布用スタンプインク(黒)
	ブローチ台

【巻き図】

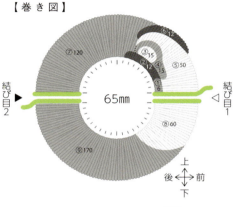

結び目2　結び目1

上　後⇔前　下

巻き終わり

【作り方】

1. 65mmのポンポンメーカーに①〜⑨の順に糸を巻いてポンポンを作る。巻いた糸をカットしたら、結び目1の位置でたこ糸を2回かけて結び、結び目2の位置でひと結びを2回する。ポンポンメーカーから取りはずし、ポンポンの形をかるく整えたら、たこ糸の結び目をボンドで補強する。 »P.79-82

2. ポンポンをカットする。後ろ側は平らにカットし、そのほかの部分は下の写真を参照していろいろな角度から見てカットし、顔の凹凸を作っていく。

3. 鼻まわりは、フェルティングニードルで周りから刺し、固さを出す。 »P.76

4. 黒の羊毛で鼻を作り、本体に刺しとめる。 »P.76

5. グレーと白の羊毛で耳を作る。形ができたら、耳の後ろ側の上部を布用スタンプインクでトントンと黒く色づけする。色付けした部分は、仕上げに当て布をしてアイロンをかける。フェルティングニードルで本体に刺しとめる。
»P.84　»型紙P.126

6. 目をボンドで接着する。 »P.85

7. 指定の羊毛（または毛糸）を少量とり、フェルティングニードルでアイライン、鼻〜口のラインを入れる。 »P.85

8. 余分なたこ糸をカットし、後ろ側に接着剤でブローチ台を貼り付けて完成。 »P.86

✂ カットの目安

正面

横

上

下

ライオン [メス]

作品 » P.43

でき上がりサイズ
縦63mm×横73mm×厚み55mm

ポンポンメーカーの大きさ：65mm	
[使用糸]	[その他の材料]
本体：●NEW洗えるメリノ並太(21)	目：クリスタルアイ（ゴールド）7.5mm …2個
●純毛中細(53)	耳：羊毛「フルフィール」(67BE)…少量
●ままあむ(54)	鼻～口・アイライン：羊毛または毛糸（黒）…少量
○NEW洗えるメリノ並太(01)	ブローチ台

【巻き図】

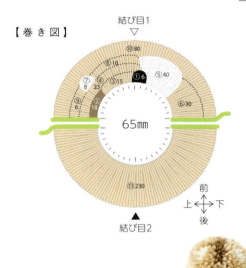

結び目1 ▽
⑩80
⑧10
⑦8　④15　⑤40
⑨23　③6
②18　⑥30
65mm
⑪230
▲ 結び目2

前
上 ↔ 下
後

巻き終わり

【作り方】

1. 65mmのポンポンメーカーに①～⑪の順に糸を巻いてポンポンを作る。巻いた糸をカットしたら、結び目1の位置でたこ糸を2回かけて結び、結び目2の位置でひと結びを2回する。ポンポンメーカーから取りはずし、ポンポンの形をかるく整えたら、たこ糸の結び目をボンドで補強する。» P.79-82

3. ポンポンをカットする。後ろ側は平らにカットし、そのほかの部分は下の写真を参照していろいろな角度から見てカットし、顔の凹凸を作っていく。

4. 鼻まわりは、フェルティングニードルで周りから刺し、固さを出す。» P.76

5. ベージュの羊毛で耳を作り、フェルティングニードルで本体に刺しとめる。» P.84　» 型紙 P.126

6. 目をボンドで接着する。» P.85

7. 指定の羊毛（または毛糸）を少量とり、フェルティングニードルでアイラインを入れる。鼻～口のラインも入れる。» P.85

8. 余分なたこ糸をカットし、後ろ側に接着剤でブローチ台を貼り付けて完成。» P.86

✂ カットの目安

正面

横　上

下

ライオン
[オス]

作品 » P.42

[でき上がりサイズ]
縦110mm×横105mm×厚み60mm

ポンポンメーカーの大きさ：65mm

[使用糸]
本体：●NEW洗えるメリノ並太(21)
　　　●純毛中細(53)
　　　●ままあむ(54)
　　　○NEW洗えるメリノ並太(01)
たてがみ：●NEWアルパカメリノ(33)

[その他の材料]
目：クリスタルアイ(ゴールド) 7.5mm…2個
耳：羊毛「フルフィール」(67BE)…少量
鼻〜口・アイライン：羊毛または毛糸(黒)
　…少量
ブローチ台
ダンボールポンポンメーカー
　(12cm×約10cm)

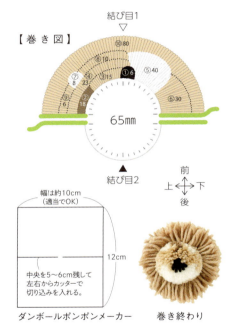

【作り方】

1. 65mmのポンポンメーカーに①〜⑩の順に糸を巻いて半球のみのポンポンを作る。巻いた糸をカットしたら、結び目1の位置でたこ糸を2回かけて結び、結び目2の位置でひと結びを2回する。ポンポンメーカーから取りはずし、ポンポンの形をかるく整える。たこ糸は長いまま切らずに残しておく。 »P.79-82

2. たてがみを作る。 »P.113

3. 本体のポンポンをカットする。後ろ側は平らにカットし、そのほかの部分は下の写真を参照していろいろな角度から見てカットし、顔の凹凸を作っていく。

4. 鼻まわりは、フェルティングニードルで周りから刺し、固さを出す。 »P.76

5. ベージュの羊毛で耳を作り、フェルティングニードルで本体とたてがみの境目のあたりに刺しとめる。 »P.84　»型紙P.126

6. 目をボンドで接着する。 »P.85

7. 指定の羊毛（または毛糸）を少量とり、フェルティングニードルでアイライン、鼻〜口のラインを入れる。 »P.85

8. 余分なたこ糸をカットし、後ろ側に接着剤でブローチ台を貼り付けて完成。 »P.86

✂ カットの目安

正面

横

上

下

たてがみのつくり方

1

P.112を参照してダンボールポンポンメーカーを作ります。

2

*1*に●アルパカメリノ（23）を100回巻きます。

3

P.112の*1*で残しておいたたこ糸をダンボールの切り込みに通し、裏側で結びます。

裏から見たところ。たこ糸を2回かけて結びます。

4

ダンボールポンポンメーカーを破いてたこ糸をもう一度引きしめてひと結びしたら、ダンボールの板をはずします。たこ糸の結び目には、つまようじでボンドをつけ固定します。

5

上下のわをカットします。　カットしたところ。

6

裏側からフェルティングニードルでたてがみを本体に刺しつけて本体と一体化させます。

7

表から見て立体感が出るように段差を付けてカットします。

たてがみのカットが終わったところ。

ナマケモノ
作品 » P.44

でき上がりサイズ
縦60mm×横65mm×厚み55mm

ポンポンメーカーの大きさ：65mm

[使用糸]
本体：● 洗える合太(05)
　　　● 純毛中細(53)
　　　● 洗える合太(02)
　　　● 洗える合太(01)
　　　● 洗える合太(03)

[その他の材料]
目：さし目(黒) 6mm…2個
口のライン：羊毛または毛糸(焦茶)
　　　　　　…少量
ブローチ台

【巻き図】

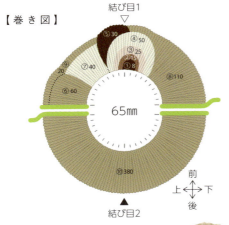

巻き終わり

【作り方】

1. 65mmのポンポンメーカーに①〜⑩の順に糸を巻いてポンポンを作る。巻いた糸をカットしたら、結び目1の位置でたこ糸を2回かけて結び、結び目2の位置でひと結びを2回する。ポンポンメーカーから取りはずし、ポンポンの形をかるく整えたら、たこ糸の結び目をボンドで補強する。»P.79-82

2. ポンポンをカットする。後ろ側は平らにカットし、そのほかの部分は下の写真を参照していろいろな角度から見てカットし、顔の凹凸を作っていく。

3. 目をボンドで接着する。»P.78

4. 指定の羊毛(または毛糸)を少量とり、フェルティングニードルで口のラインを入れる。»P.78

5. 余分なたこ糸をカットし、後ろ側に接着剤でブローチ台を貼り付けて完成。»P.86

✂ カットの目安

正面

横

上

下

114

ひつじ
作品 » P.46

でき上がりサイズ
縦65mm×横88mm×厚み55mm

ポンポンメーカーの大きさ：65mm	
[使用糸] 本体：○NEW洗えるメリノ並太(01) 　　　●シルフィードモヘア(33)	[その他の材料] 目：さし目(黒) 6mm…2個 耳：羊毛「フルフィール」(66WH)(71LP) 　　…少量 鼻～口・アイライン：羊毛または毛糸 　　(焦茶)…少量 ブローチ台

【巻き図】

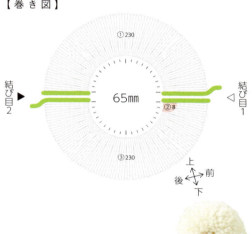

巻き終わり

【作り方】

1. 65mmのポンポンメーカーに①～③の順に糸を巻いてポンポンを作る。巻いた糸をカットしたら、結び目1の位置でたこ糸を2回かけて結び、結び目2の位置でひと結びを2回する。ポンポンメーカーから取りはずし、ポンポンの形をかるく整えたら、たこ糸の結び目をボンドで補強する。 »P.79-82

2. ポンポンをカットする。後ろ側は平らにカットし、そのほかの部分は下の写真を参照していろいろな角度から見てカットし、顔の凹凸を作っていく。

3. 鼻まわりは、フェルティングニードルで周りから刺し、固さを出す。 »P.76

4. 白と薄ピンクの羊毛で耳を作り、フェルティングニードルで本体に刺しとめる。 »P.84 »型紙P.126

5. 目をボンドで接着する。 »P.78

6. 指定の羊毛（または毛糸）を少量とり、フェルティングニードルでアイライン、鼻～口のラインを入れる。 »P.85

7. 余分なたこ糸をカットし、後ろ側に接着剤でブローチ台を貼り付けて完成。 »P.86

✂ カットの目安

正面

横

上

下

しろくま

作品 » P.50

でき上がりサイズ
縦62mm×横65mm×厚み55mm

ポンポンメーカーの大きさ：65mm

[使用糸]
本体：○NEW洗えるメリノ並太(01)
　　　●NEWアルパカメリノ(35)

[その他の材料]
目：さし目(黒) 6mm…2個
耳：羊毛「フルフィール」(66WH)…少量
鼻：羊毛「フルフィール」(70BK)…少量
鼻～口のライン：羊毛または毛糸
　　(黒)…少量
ブローチ台

【巻き図】

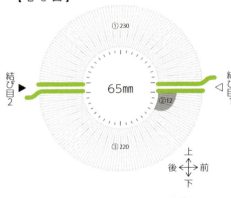

結び目2　　　結び目1

①230
②12
③220
65mm

上　後←→前　下

巻き終わり

【作り方】

1　65mmのポンポンメーカーに①～③の順に糸を巻いてポンポンを作る。巻いた糸をカットしたら、結び目1の位置でたこ糸を2回かけて結び、結び目2の位置でひと結びを2回する。ポンポンメーカーから取りはずし、ポンポンの形をかるく整えたら、たこ糸の結び目をボンドで補強する。»P.79-82

2　ポンポンをカットする。後ろ側は平らにカットし、そのほかの部分は下の写真を参照していろいろな角度から見てカットし、顔の凹凸を作っていく。

3　鼻まわりは、フェルティングニードルで周りから刺し、固さを出す。»P.76

4　黒の羊毛で鼻を作り、本体に刺しとめる。»P.76

5　白の羊毛で耳を作り、フェルティングニードルで本体に刺しとめる。»P.84
　»型紙P.126

6　目をボンドで接着する。»P.78

7　指定の羊毛（または毛糸）を少量とり、フェルティングニードルで鼻～口のラインを入れる。»P.78

8　余分なたこ糸をカットし、後ろ側に接着剤でブローチ台を貼り付けて完成。»P.86

カットの目安

正面

横

上

下

アザラシ

作品 » P.52

でき上がりサイズ
縦62mm×横63mm×厚み53mm

ポンポンメーカーの大きさ：65mm	
[使用糸]	[その他の材料]
本体 ●NEW洗えるメリノ並太(21)	目：さし目(黒)8mm…2個
●カラーメランジ並太(10)	ブローチ台
○NEW洗えるメリノ並太(01)	

【巻き図】

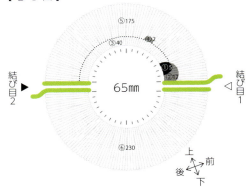

巻き終わり

【作り方】

1. 65mmのポンポンメーカーに①〜⑥の順に糸を巻いてポンポンを作る。巻いた糸をカットしたら、結び目1の位置でたこ糸を2回かけて結び、結び目2の位置でひと結びを2回する。ポンポンメーカーから取りはずし、ポンポンの形をかるく整えたら、たこ糸の結び目をボンドで補強する。 » P.79-82

2. ポンポンをカットする。後ろ側は平らにカットし、そのほかの部分は下の写真を参照していろいろな角度から見てカットし、顔の凹凸を作っていく。

3. 目をボンドで接着する。 » P.85

4. 余分なたこ糸をカットし、後ろ側に接着剤でブローチ台を貼り付けて完成。 » P.86

✂ カットの目安

正面

横

上

下

カワウソ

作品 » P.53

でき上がりサイズ
縦60mm×横62mm×厚み55mm

ポンポンメーカーの大きさ：65mm

[使用糸]
本体：● 洗える合太(05)
　　　　洗える合太(02)
　　　● 洗える合太(03)
　　　○ NEW洗えるメリノ並太(01)
耳：　● 洗える合太(03)

[その他の材料]
目：さし目(黒) 8mm…2個
ブローチ台

【巻き図】

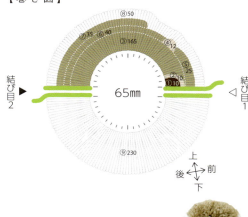

巻き終わり

【作り方】

1 65mmのポンポンメーカーに①～⑨の順に糸を巻いてポンポンを作る。巻いた糸をカットしたら、結び目1の位置でたこ糸を2回かけて結び、結び目2の位置でひと結びを2回する。ポンポンメーカーから取りはずし、ポンポンの形をかるく整えたら、たこ糸の結び目をボンドで補強する。 »P.79-82

2 ポンポンをカットする。後ろ側は平らにカットし、そのほかの部分は下の写真を参照していろいろな角度から見てカットし、顔の凹凸を作っていく。

3 ● 洗える合太(03)を約8cm×12本(6本を2組)用意し、フェルティングニードルで本体に刺しとめ、耳の形にカットする。 »P.77-78

4 目をボンドで接着する。 »P.85

5 余分なたこ糸をカットし、後ろ側に接着剤でブローチ台を貼り付けて完成。 »P.86

✂ カットの目安

正面

横

上

下

ミニマスコット

ひつじ

作品 » P.62

でき上がりサイズ
体の長さ70mm×幅55mm×高さ58mm

ポンポンメーカーの大きさ：25mm、65mm

[使用糸]
本体：● NEW洗えるメリノ並太(21)
胴体：○ NEW洗えるメリノ並太(01)

[その他の材料]
目：プラスチックアイ(茶) 4.5mm…2個
耳：フェルト(黒)…3cm角
足：モール(黒)…1本(約27cm)
刺繍糸(黒)…約40cm

【巻き図】

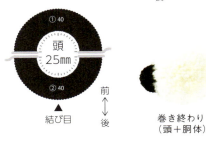

【作り方】

1. 25mmのポンポンメーカーに①〜②の順に糸を巻いて頭用のポンポンを作る。巻いた糸をカットしたら、結び目の位置で黒の刺繍糸を2回かけて結び、同じ位置でひと結びを1回する。ポンポンメーカーから取りはずし、ポンポンの形をかるく整える。 » P.73-75

2. 65mmのポンポンメーカーに①〜②の順に糸を巻いて胴体用のポンポンを作る。巻いた糸をカットしたら、結び目1の位置でたこ糸を2回かけて結び、結び目2の位置でひと結びを2回する。ポンポンメーカーから取りはずし、ポンポンの形をかるく整える。 » P.73-75

3. 頭と胴体のポンポンを連結する。それぞれのポンポンから出ているたこ糸を2回かけて強く引きしめて結び、同じ位置でさらにひと結びを2回する。結び目をボンドで補強し余分なたこ糸はカットする。 » P.86

4. ポンポンをカットする。下の写真を参照していろいろな角度から見てカットし、胴体の凹凸を作っていく。 » P.82-83

5. 目をボンドで接着する。 » P.85

6. 黒のフェルトをカットして耳を作り、ボンドで接着する。 » 型紙P.127

7. あしを作る。約27cmのモールを4等分にカットする(写真a)。それぞれを半分に折り、5〜6回ねじる(写真b)。わになっている方の先端を少し折り曲げて角度をつけ(写真c)、根元にボンドをつけて胴体に差し込む(写真d)。あしが4本ついたら完成。

カットの目安

正面　横

a　b　c　d

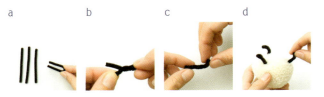

セキセイインコ ［青］

作品 » P.58-59

でき上がりサイズ　体の長さ70mm×幅45mm

ポンポンメーカーの大きさ：25mm、45mm

［使用糸］
頭： ● ミディ(55)
　　 ● ミディ(58)
　　 ○ ミディ(51)
　　 ● ミディ(64)
胴体：● ミディ(62)
　　　● ミディ(70)
　　　○ ミディ(51)

［その他の材料］
目：さし目(黒)4mm…2個
くちばし：フェルト(黄)…1.5cm角
尾：フェルト(空)(黒)…3cm角
刺繍糸(白)…約40cm
丸カン
ボールチェーン

【巻き図】

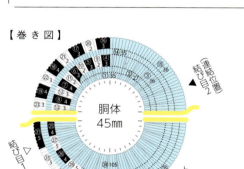

④・⑤・⑥・⑦・⑧ 3, 3, 3, 4, 4
⑨・⑩・⑪・⑫・⑬ 2, 2, 2, 3, 3
⑯・⑰・⑱・⑲ 3, 3, 4, 4
⑳・㉑・㉒ 2, 2, 3, 3
㉕・㉖ 4, 4
㉗・㉘ 5, 5
㉛・㉜ 5, 5
㉝・㉞ 5, 5

＊___は、糸を切らずに間隔をあけて巻く。

頭 25mm

セキセイインコ ［黄緑］

作品 » P.58-59

でき上がりサイズ　体の長さ70mm×幅45mm

ポンポンメーカーの大きさ：25mm、45mm

［使用糸］
頭： ● ミディ(62)
　　 ● ミディ(58)
　　 ● ミディ(70)
　　 ● ミディ(64)
胴体：● ミディ(60)
　　　● ミディ(58)
　　　● ミディ(70)

［その他の材料］
目：さし目(黒)4mm…2個
くちばし：フェルト(黄)…1.5cm角
尾：フェルト(黄緑)(黒)…3cm角
刺繍糸(白)…約40cm
丸カン
ボールチェーン

【巻き図】

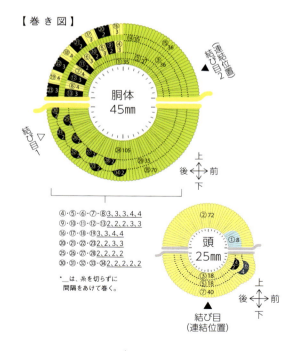

④・⑤・⑥・⑦・⑧ 3, 3, 3, 4, 4
⑨・⑩・⑪・⑫・⑬ 2, 2, 2, 3, 3
⑯・⑰・⑱・⑲ 3, 3, 4, 4
⑳・㉑・㉒ 2, 2, 3, 3
㉕・㉖・㉗・㉘ 2, 2, 3, 3
㉚・㉛・㉜・㉝・㉞ 2, 2, 2, 2, 2

＊___は、糸を切らずに間隔をあけて巻く。

120

桜文鳥

作品 » P.58-59

でき上がりサイズ　体の長さ70mm×幅45mm

ポンポンメーカーの大きさ：25mm、45mm

[使用糸]
頭：●ミディ(70)
　　●ミディ(56)
　　○ミディ(51)
胴体：●ミディ(70)
　　　●ミディ(68)
　　　○ミディ(51)

[その他の材料]
目：さし目(黒)4mm…2個
くちばし：フェルト(赤ピンク)…3cm角
尾：フェルト(黒)…3cm角
刺繍糸(黒)…約40cm
丸カン
ボールチェーン

【巻き図】

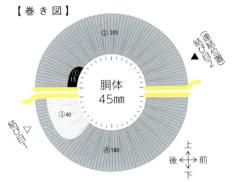

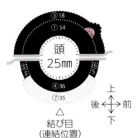

白文鳥

作品 » P.58-59

でき上がりサイズ　体の長さ70mm×幅45mm

ポンポンメーカーの大きさ：25mm、45mm

[使用糸]
頭：○ミディ(51)
　　●ミディ(56)
胴体：○ミディ(51)

[その他の材料]
目：さし目(黒)4mm…2個
くちばし：フェルト(赤ピンク)…3cm角
尾：フェルト(白)…3cm角
刺繍糸(白)…約40cm
丸カン
ボールチェーン

【巻き図】

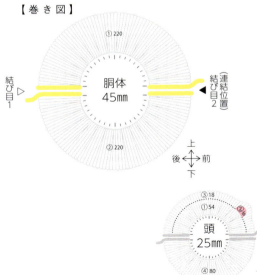

すずめ

作品 » P.56-57

[でき上がりサイズ] 体の長さ70mm×幅45mm

ポンポンメーカーの大きさ：25mm、45mm

[使用糸]
頭： ● ミディ(66)
　　 ● ミディ(70)
　　 ○ ミディ(51)
胴体：● ミディ(65)
　　 ● ミディ(70)
　　 ○ ミディ(51)

[その他の材料]
目：さし目(黒) 4mm…2個
くちばし：フェルト(黒)…3cm角
尾：フェルト(茶)…3cm角
刺繍糸(焦茶)：約40cm
丸カン
ボールチェーン

【巻き図】

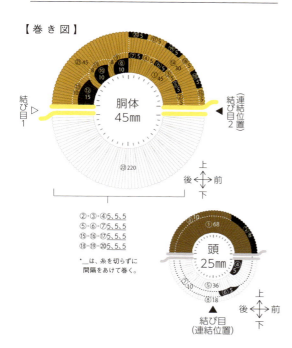

②・③・④ 5、5、5
⑤・⑥・⑦ 5、5、5
⑮・⑯・⑰ 5、5、5
⑱・⑲・⑳ 5、5、5

＊＿は、糸を切らずに間隔をあけて巻く。

巻き終わり（頭＋胴体）

セキセイインコ [黄緑]　　セキセイインコ [青]

白文鳥　　桜文鳥

すずめ

【作り方】

1 25mmのポンポンメーカーにセキセイインコは①〜⑦、白文鳥は①〜④、桜文鳥は①〜⑦、すずめは①〜⑧の順に糸を巻いて頭用のポンポンを作る。巻いた糸をカットしたら、結び目の位置で刺繍糸を2回かけて結び、同じ位置でひと結びを1回する。ポンポンメーカーから取りはずし、ポンポンの形をかるく整える。 》P.79-82

2 45mmのポンポンメーカーにセキセイインコは①〜㉟、白文鳥は①〜㉒、桜文鳥は①〜④、すずめは①〜㉒の順に糸を巻いて胴体用のポンポンを作る。巻いた糸をカットしたら、結び目1の位置でたこ糸を2回かけて結び、結び目2の位置でひと結びを2回する。ポンポンメーカーから取りはずし、ポンポンの形をかるく整える。 》P.79-82

3 頭と胴体のポンポンを連結する。それぞれのポンポンから出ているたこ糸を2回かけて強く引きしめて結び、たこ糸を首の後ろ側にまわして根元でひと結びを2回する。 》P.86
　※キーホルダーにする場合は、たこ糸を首の後ろ側にまわしてひと結びした後、たこ糸に丸カンを通してさらにひと結びを2回する。結び目をボンドで補強して余分なたこ糸をカットする。(写真a)

4 ポンポンをカットする。下の写真を参照していろいろな角度から見てカットし、胴体と頭の凹凸を作っていく。

5 目をボンドで接着する。 》P.78

6 指定のフェルトをカットして、くちばしと尾を作り、本体にボンドで接着する。(写真b,c) 》型紙P.127

7 チェーンを付ける場合は、首元の丸カンに通して完成。

a

b

c

✂ カットの目安

正面

横

後ろ

はりねずみ[親]

作品 » P.60-61

でき上がりサイズ 体の長さ75mm×幅65mm×高さ50mm

ポンポンメーカーの大きさ：35mm、65mm

[使用糸]
頭： グレースメリノ(12)
　　 ○NEW洗えるメリノ並太(01)
胴体：カラーメランジ並太(01)
　　 ●純毛中細(53)
　　 ○NEW洗えるメリノ並太(01)

[その他の材料]
目：さし目(黒) 4mm…2個
耳：フェルト(グレー)…3cm角
鼻：さし鼻(黒) 6mm…1個
刺繍糸(白)…約40cm

はりねずみ[子]

作品 » P.60-61

でき上がりサイズ 体の長さ60mm×幅50mm×高さ38mm

ポンポンメーカーの大きさ：25mm、45mm

[使用糸]
頭： グレースメリノ(12)
　　 ○NEW洗えるメリノ並太(01)
胴体：カラーメランジ並太(01)
　　 ●純毛中細(53)
　　 ○NEW洗えるメリノ並太(01)

[その他の材料]
目：さし目(黒) 3mm…2個
耳：フェルト(グレー)…3cm角
鼻：さし鼻(黒) 6mm…1個
刺繍糸(白)…約40cm

【巻き図】

胴体 65mm
① 150 (2本取り)
② 160
結び目（連結位置）
上/下 後/前

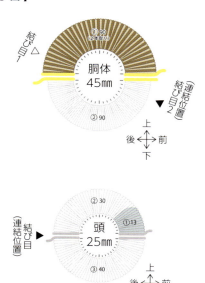

頭 35mm
② 40
① 20
③ 60
結び目（連結位置）
上/下 後/前

【巻き図】

胴体 45mm
③ 90 (2本取り)
② 90
結び目位置2 結び目（連結位置）
上/下 後/前

頭 25mm
② 30
① 13
③ 40
結び目（連結位置）
上/下 後/前

【作り方】

1. 親は65mm(子は45mm)のポンポンメーカーに①〜②の順に糸を巻いて胴体用のポンポンを作る。①は●カラーメランジ(01)と●純毛中細(53)の糸を2本取りにして巻く。巻いた糸をカットしたら、結び目1の位置でたこ糸を2回かけて結び、結び目2の位置でひと結びを2回する。ポンポンメーカーから取りはずし、ポンポンの形をかるく整える。 》P.79-82

2. 親は35mm(子は25mm)のポンポンメーカーに①〜③の順に糸を巻いて頭用のポンポンを作る。巻いた糸をカットしたら、結び目の位置で白の刺繍糸を2回かけて結び、同じ位置でひと結びを1回する。ポンポンメーカーから取りはずし、ポンポンの形をかるく整える。 》P.79-82

3. 頭と胴体のポンポンを連結する。それぞれのポンポンから出ているたこ糸を2回かけて強く引きしめて結び、たこ糸を首の後ろ側(背中側)にまわして根元でひと結びを2回する。結び目をボンドで補強し余分なたこ糸はカットする。 》P.86

4. ポンポンをカットする。下の写真を参照していろいろな角度から見てカットし、胴体と頭の凹凸を作っていく。

5. 鼻まわりは、フェルティングニードルで周りから刺し、固さを出す。 》P.76

6. 目と鼻をボンドで接着する。鼻の向きは上下を逆さに使用する。 》P.78

7. 指定のフェルトをカットして耳を作り、ボンドで接着したら完成。 》型紙P.127

巻き終わり(頭+胴体)

親　　　子

✂ カットの目安

正面

横

型紙

羊毛やフェルトで作る、耳、くちばし、尾の型紙です。

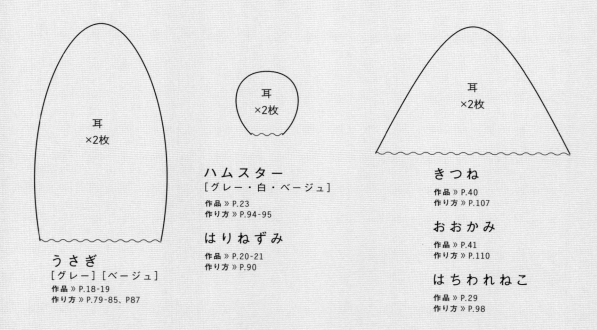

耳 ×2枚

耳 ×2枚

耳 ×2枚

うさぎ
[グレー][ベージュ]
作品 » P.18-19
作り方 » P.79-85、P87

ハムスター
[グレー・白・ベージュ]
作品 » P.23
作り方 » P.94-95

はりねずみ
作品 » P.20-21
作り方 » P.90

きつね
作品 » P.40
作り方 » P.107

おおかみ
作品 » P.41
作り方 » P.110

はちわれねこ
作品 » P.29
作り方 » P.98

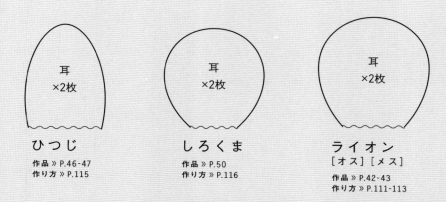

耳 ×2枚

耳 ×2枚

耳 ×2枚

ひつじ
作品 » P.46-47
作り方 » P.115

しろくま
作品 » P.50
作り方 » P.116

ライオン
[オス][メス]
作品 » P.42-43
作り方 » P.111-113

くちばし

くちばし

くちばし 尾A 尾B

セキセイインコ
[白×青・黄×水色]

作品 » P.32
作り方 » P.102-103

**アフリカ
オオコノハズク**

作品 » P.34
作り方 » P.104

**ミニマスコット
セキセイインコ**
[青・黄緑]

作品 » P.58-59
作り方 » P.120-123

メンフクロウ

作品 » P.35
作り方 » P.105

アナホリフクロウ

作品 » P.34
作り方 » P.99

上くちばし 下くちばし   上くちばし 下くちばし   尾

**ミニマスコット
文鳥**[桜文鳥・白文鳥]

作品 » P.58-59
作り方 » P.120-123

**ミニマスコット
すずめ**

作品 » P.56-57
作り方 » P.122-123

**ミニマスコット
文鳥**[桜文鳥・白文鳥]

作品 » P.58-59
作り方 » P.120-123

**ミニマスコット
すずめ**

作品 » P.56-57
作り方 » P.122-123

耳×2枚　　耳×2枚　　耳×2枚

**ミニマスコット
はりねずみ**
[親]

作品 » P.60-61
作り方 » P.124-125

**ミニマスコット
はりねずみ**
[子]

作品 » P.60-61
作り方 » P.124-125

**ミニマスコット
ひつじ**

作品 » P.62-63
作り方 » P.119

trikotri／黒田翼

1981年静岡県生まれ。東京藝術大学絵画科卒業。こどもの頃から絵を描くことや、ものづくりに親しむ。手芸店にて在勤中、ワークショップの講師や店頭の見本作りを担当し、当時作っていたポンポンの作品から着想を得て、2014年に「森の動物たちのぽんぽんブローチ」を制作。『第1回ハンドメイド大賞（produced by 藤久株式会社×minne）』にて、大賞およびアクセサリー部門賞受賞。毛糸や羊毛の素材に魅了され、アクセサリーや小物を制作している。

trikotri.com

毛糸をぐるぐる巻いて作るふかふかマスコット

動物ぽんぽん NDC 594

2016年 2月20日　　発　行
2017年 4月 3日　　第11刷

著　　者　　trikotri
　　　　　　とりことり
発　行　者　　小川雄一
発　行　所　　株式会社 誠文堂新光社
　　　　　　〒113-0033　東京都文京区本郷3-3-11
　　　　　　[編集] 電話03-5805-7285
　　　　　　[販売] 電話03-5800-5780
　　　　　　http://www.seibundo-shinkosha.net/
印刷・製本　　大日本印刷 株式会社

© 2016,trikotri.　　Printed in Japan　　検印省略
禁・無断転載

万一落丁・乱丁の場合はお取替えいたします。本書掲載記事の無断転用を禁じます。また、本書に掲載された記事の著作権は著者に帰属します。これらを無断で使用し、ワークショップ、講演会、バザーなどでの販売、および商品化などを行うことを禁じます。

本書のコピー、スキャン、デジタル化等の無断複製は、著作権法上での例外を除き、禁じられています。本書を代行業者等の第三者に依頼してスキャンやデジタル化することは、たとえ個人や家庭内での利用であっても著作権法上認められません。

Ⓡ〈日本複製権センター委託出版物〉
本書の全部または一部を無断で複写複製（コピー）することは、著作権法上での例外を除き禁じられています。本書からの複写を希望される場合は、日本複製権センター（JRRC）の許諾を受けてください。
JRRC（http://www.jrrc.or.jp）　E-Mail：jrrc_info@jrrc.or.jp　電話03-3401-2382）

ISBN978-4-416-51683-6

撮影　　　　福井裕子
デザイン・装丁　oto（室田征臣／室田彩乃）
巻き図制作　　株式会社ウエイド 手芸制作部
　　　　　　（原田鎮郎、渡辺信吾）
編集進行　　古池日香留
モデル　　　森野美紗子、許斐絵里、
　　　　　　野口智子、阪中宏美、阪中媛花、
　　　　　　山洞勝義
撮影協力　　Lookey Dookey
　　　　　　東京都渋谷区恵比寿西1-18-4
　　　　　　080-4423-6955
　　　　　　www.lookeydookey.com

　　　　　　AWABEES
　　　　　　東京都渋谷区千駄ヶ谷3-50-11
　　　　　　明星ビルディング5F
　　　　　　03-5786-1600

　　　　　　UTUWA
　　　　　　東京都渋谷区千駄ヶ谷3-50-11
　　　　　　明星ビルディング1F
　　　　　　03-6447-0070

協　力　　　クロバー株式会社
　　　　　　tel.06-6978-2277（お客様係）
　　　　　　http://www.clover.co.jp/

　　　　　　ハマナカ株式会社
　　　　　　tel.京都本社075-463-5151（代）
　　　　　　東京支店03-3864-5151（代）
　　　　　　http://www.hamanaka.jp

素材道具提供

藤久株式会社
愛知県名古屋市名東区高社1丁目210番地
TEL 0120-478-020
http://www.crafttown.jp/

シュゲール（通信販売）
TEL 0570-783-658
受付時間 平日AM9:45～PM5:00
ナビダイヤル…60秒ごと（携帯電話の場合20秒ごと）におよそ10円の通話料金でご利用頂けます。

http://www.shugale.com/